QINGLONG SI

青 龙 寺

雁塔三寺

青 龙 寺

主 编 赵亚弟
编 著 魏 燕

西北大学出版社
·西安·

图书在版编目（CIP）数据

青龙寺 / 魏燕编著. -- 西安：西北大学出版社，2024.12. --（雁塔三寺）. -- ISBN 978-7-5604-5564-8

Ⅰ.B947.241.1

中国国家版本馆CIP数据核字第2024DK4968号

雁 塔 三 寺

青 龙 寺
QINGLONG SI

主　　编　赵亚弟
编　　著　魏　燕

出版发行　西北大学出版社

（西北大学校内　邮编：710069　电话：029-88302621　88303593）

http: //nwupress.nwu.edu.cn　　E-mail: xdpress@nwu.edu.cn

经　　销	全国新华书店
印　　装	西安奇良海德印刷有限公司
开　　本	787毫米×960毫米　1/16
印　　张	10.75
版　　次	2024年12月第1版
印　　次	2024年12月第1次印刷
字　　数	200千字
书　　号	ISBN 978-7-5604-5564-8
定　　价	98.00元

如有印装质量问题，请拨打电话029-88302966予以调换。

《雁塔三寺——青龙寺》编审委员会

名　誉　主　任　　王　征　王建军

执　行　主　任　　负孝民

执 行 副 主 任　　赵亚弟

主　任　委　员　　郭向卫　郭建荣　邓　朋　吴艳玲

　　　　　　　　　周　亚　焦鸣军　张文川　易志浩

　　　　　　　　　王　华　朱红斌　冯少林　王春丽

　　　　　　　　　李　峥

编　　　　　著　　魏　燕

执　行　主　编　　陈　瑶

校　　　　对　　韩　彤

前　言

古往今来，宗教始终是很多人的精神依托。佛、道两教信众遍布华夏，寺观香火旺盛，延绵不绝。无论是皇家贵胄、文人士子还是贩夫走卒，都或多或少受到佛理道义的熏陶。如今虽时过境迁，古刹道观的静谧、余音绕梁的钟声，依然是人们避开都市喧嚣的一种慰藉。

如今，在西安市雁塔区，中日文化交流圣地青龙寺、佛教密宗发源地大兴善寺、法相宗祖庭大慈恩寺、中韩道教文化交流中心青华宫等古刹道观依然屹立于世，香火不绝，书写着不朽的传奇。此中有真意，问道明古今。正是这些寺观及其所蕴含的时代精神，成就了这片土地坚守与传承的宗教文化，向人们昭示着过往的烟云和抱旧纳新的文化胸怀。

青龙寺位于隋大兴城新昌坊南门东，即今大雁塔街道辖区铁炉庙村北乐游原上。开皇二年（582），隋文帝杨坚创建新都，徙掘城中陵墓，葬于郊野。为追祭亡灵，于坊东置寺，寺名"灵感"，是为青龙寺的前身。唐高宗龙朔二年（662），太宗女城阳公主奏请立为观音寺。唐睿宗景云二年（711），改名青龙寺。

青龙寺位于地势高峻、风景幽雅的乐游原高冈之上，不仅规模宏伟，寺景也非常优美。它北枕高原，南望爽垲，曲江美景尽收眼底。在唐代，青龙寺香火颇为鼎盛，众多诗人在此吟咏出诸多佳句。今天我们读来，仿佛在与诗人同行，置身于唐代的风景之中，可以依稀感受到往昔那份诗情画意。

青龙寺最为人所称道的，莫过于中日佛教文化交流了。作为佛教八大宗派之一密宗的传法道场以及日本佛教真言宗的祖庭，青龙寺对于日本佛教密宗的发展贡献卓著。在9世纪初期至中叶，即日本的平安时代，大批日本学问僧、请益僧入唐求法。其中有八人最为著名，被称为"入唐八家"。空海、圆行、圆仁、惠运、圆珍、宗睿等六家到长安后，即在青龙寺受法，其中以空海影响最大。

青龙寺不仅是一座神圣的宗教殿堂，更是一座蕴含着无尽宝藏的文化宝库。它的存在，蕴含着丰富深邃的哲学思想、独特深刻的艺术精髓和浓郁深厚的人文情怀。在这里，我们能够追溯到先人的智慧结晶，深深感受到传统文化的博大精深与源远流长。

岁月如流，时代变迁，青龙寺宛如一位坚定的守护者。它以独特非凡的魅力吸引着无数信徒怀着虔诚之心前来朝拜，也让众多游客慕名而来，只为亲身感受它的庄严肃穆与宁静祥和。让我们一同走进这座神圣殿堂，用心领略其独特的风采，静心感悟生命的真谛。

目　录

第一章　青龙寺与乐游原

第一节　风景胜地乐游原 …………………………… 2
　　一、自然地貌 ………………………………………2
　　二、历史变迁 ………………………………………4
　　三、唐诗中的乐游原 ………………………………4
第二节　乐游原上青龙寺 …………………………… 8
　　一、隋文帝建寺度亡灵 ……………………………8
　　二、青龙寺寺名的由来 ……………………………11
　　三、千年古寺何处寻 ………………………………13
第三节　青龙寺遗址研究 ……………………………15
　　一、遗址的确认 ……………………………………15
　　二、塔院遗址的发现 ………………………………19
　　三、遗址出土文物概况 ……………………………24

第二章　青龙寺与唐代密宗

第一节　密教的形成与传播 …………………………33
　　一、佛教的创立 ……………………………………33
　　二、密教的形成 ……………………………………35
　　三、密教的传播 ……………………………………36

第二节 "开元三大士"与密宗 ·············· 36
 一、善无畏 ························· 36
 二、金刚智 ························· 39
 三、不空 ··························· 41

第三节 密宗的根本道场 ················ 44
 一、惠果生平 ······················· 44
 二、密宗的主要经典和基本思想 ······· 46
 三、密宗的传承 ····················· 48

第三章　青龙寺与中日交流

第一节 "入唐八家" ···················· 52
 一、圆行和圆仁 ····················· 53
 二、惠运和圆珍 ····················· 55
 三、宗睿、圆载和真如法亲王 ········· 56

第二节 弘法大师空海 ·················· 57
 一、空海生平及在唐事迹 ············· 57
 二、空海自唐带回日本的物品 ········· 61

第三节 空海与唐风东传 ················ 63
 一、对日本文学艺术的贡献 ··········· 63
 二、创立真言宗 ····················· 66
 三、传播茶文化 ····················· 69
 四、进行平民教育与兴修水利 ········· 70

第四章　青龙寺与唐长安民俗文化

第一节 登高祓禊 ······················ 72
 一、乐游原景区鸟瞰 ················· 72
 二、唐代的时令佳节 ················· 75

三、密法与消灾…………………………………………78
　　　四、迎奉舍利…………………………………………80
第二节　闲对南山步夕阳………………………………………82
　　　一、高敞幽静的寺院环境……………………………82
　　　二、社交场所…………………………………………87
　　　三、与青龙寺有关的传说……………………………91

第五章　中日友好新篇章

第一节　空海纪念碑建设………………………………………96
　　　一、前期准备…………………………………………96
　　　二、设计与施工………………………………………98
　　　三、落成典礼…………………………………………101
第二节　惠果空海纪念堂建设…………………………………106
　　　一、前期准备…………………………………………106
　　　二、设计与施工………………………………………107
　　　三、落成典礼…………………………………………109
第三节　青龙寺庭园建设………………………………………116
　　　一、前期准备…………………………………………117
　　　二、设计与施工………………………………………118
　　　三、落成仪式…………………………………………121
第四节　青龙寺遗址的保护与利用……………………………125

附　　录　唐代咏乐游原、青龙寺诗作辑录…………………127
　　　一、咏乐游原诗作……………………………………127
　　　二、咏青龙寺诗作……………………………………141

参考书目…………………………………………………………159

第一章　青龙寺与乐游原

　　青龙寺坐落在西安市的乐游原上，初建于隋，兴盛于唐，是唐代佛教密宗的根本道场，以日本佛教真言宗的祖庭而闻名中外。它是中日两国人民友好交往的见证，也是中日文化交流史上的一座丰碑。

青龙寺遗址东门

第一节　风景胜地乐游原

乐游原是一道古老的冈原，呈东南—西北走向。它位于西安市大雁塔东北、曲江遗址的北岸，由于受人为因素的影响，慢坡地带已经消失，现仅存长约 5000 米、宽约 1000 米的土原。中部高出地面 10～20 米，最高处在铁炉庙村北侧，海拔为 467 米。

一、自然地貌

乐游原位于一片历史悠久的丰饶土地上。在渭河水系的南岸，终南山脉的北部，东西长约 17 千米、南北长约 40 千米的开阔平原上，有许多道高出地面且宽阔平坦的土原，地质学上称其为黄土台塬，如白鹿原、少陵原、神禾原等等。这些台塬以龙首原为自然分界线，北部地势低平，向渭河倾斜，南部地势逐渐升高，且起伏不平。地质学家认为，它们是由于渭河流动带来的泥沙长期冲刷、堆积而形成的。实际上，这是被河流侵蚀后残留于渭河三级阶地上的梁状高地，因受骊山隆升的牵带，呈现出东南高、西北低的走势。由于土壤中杂

《古青龙寺》（何海霞绘）

乐游原东端一角

有大量腐殖质,所以这一带土地肥沃,物产丰厚。在我国最早的典籍中,这个地区的土壤被列为上上等,就连生长的野菜也被认为是好吃的。《西京杂记》卷一载:"乐游苑自生玫瑰树,树下多苜蓿。苜蓿一名怀风,时人或谓之光风。风在其间,常萧萧然。日照其花有光彩,故名苜蓿为怀风。茂陵人谓之连枝草。"可见,玫瑰和苜蓿是乐游原上最有特色的植物。

乐游原便是这若干道土原之一。这里属暖温带半湿润大陆性季风气候:春季升温迅速,干燥多风;夏季日照强烈,炎热高温;秋季时有阴雨,温和湿润;冬季雨雪偏少,寒冷干燥。因为四季冷热、干湿分明,所以这里的植物品种繁多,生长茂盛。早春垂柳发芽、入夏刺槐开花、秋季核桃成熟、初冬柿树叶落等植物生长特点,就成为不同季节的物候标志。

二、历史变迁

据文献记载,早在秦代乐游原地区已成为专供帝王游乐的场所。它因为地势高敞的冈原特点,被划入了皇家园林宜春苑。宜春苑占地面积广阔,曲江以北都在它的范围之内。由于这里景色独特,秦王子婴将秦二世胡亥葬于宜春苑。到了汉代,这里被称为宜春下苑,归入上林苑。上林苑是皇室贵族游猎的场所,它的范围更大,包括今天的长安、鄠邑两区,以及周至县、蓝田县等的部分辖区,苑内设有36苑、12宫、21观。为使皇室贵族能在这里尽情享乐,苑内还遍植名花奇草多种,放养珍禽异兽无数,离宫别馆延绵其间,以至于汉宣帝曾在此"乐不思归"。

乐游原的名称是怎么来的呢?据载,西汉元康元年(前65)春,宣帝"以杜东原上为初陵,更名杜县为杜陵"①,而杜陵的所在地也被人们称作乐游里。

西汉时,已有"乐游"之名的记载。《关中记》说:"宣帝许后,葬长安县乐游里,立庙于曲江池北,名曰乐游庙。"《关中记》是西晋人潘岳所著,在时间上距汉代较近,其记述应该是可信的,说明那个时候这里已有乐游里,应该是百姓居住的里巷,并在此修建了乐游庙。据《三辅黄图》载:"神爵三年,宣帝立庙于曲池之北,号乐游。"《汉书·宣帝纪》中也说:"(神爵)三年春,起乐游苑。"由此可知,乐游庙与乐游苑应该是同一时期建立的,乐游庙的名称源于乐游苑,乐游苑又是因乐游里而得名。从此,乐游苑的名称始见于史书。

宣帝死后被葬在乐游苑内,乐游苑因此成为专门祭祀宣帝的庙园,并改称乐游园。《三辅黄图》载,"按其处则今呼乐游园是也,因乐游苑得名"。其实在史书中,西汉各代皇帝的寝庙被称为园,是因为陵墓在其中。汉代以后,乐游园逐渐荒废,却更加突显出轩敞、高平的土原特点。因为"原"与"园"二字谐音,所以自隋代开始,"乐游原"就逐渐取代了原来的称呼。

三、唐诗中的乐游原

自隋至唐的几百年间,乐游庙的遗迹尚能辨认。据《天文要录》记载:"宣帝立庙曲池之北,即今升平坊内基址是也。"升平坊位于唐长安城内东南部,与

---

① 出自《汉书·宣帝纪》。

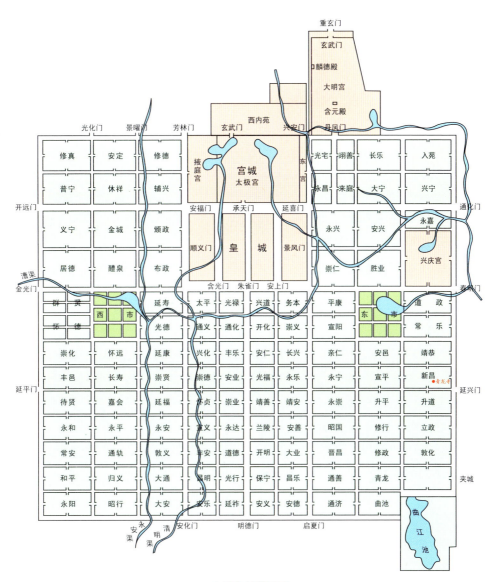

唐长安城平面图

修行坊、升道坊等相邻，这从唐代诗人的诗作中可以得到印证。唐代诗人韦应物曾登上乐游原，来到被凄迷烟草掩盖的乐游庙的遗迹旁，望着眼前破败荒凉的陈迹写下了《登乐游庙作》：

高原出东城，郁郁见咸阳。
上有千载事，乃自汉宣皇。

> 颓墌久凌迟，陈迹翳丘荒。
> 春草虽复绿，惊风但飘扬。
> 周览京城内，双阙起中央。
> 微钟何处来，暮色忽苍苍。
> 歌吹喧万井，车马塞康庄。
> 昔人岂不尔，百世同一伤。
> 归当守冲漠，迹寓心自忘。

诗人从秦、汉遗迹一直写到眼前这歌舞升平、车水马龙、一派繁荣景象的长安城，感叹世事变化无常。

诗圣杜甫也常来这里，写有《乐游园歌》：

> 乐游古园崒森爽，烟绵碧草萋萋长。
> 公子华筵势最高，秦川对酒平如掌。
> 长生木瓢示真率，更调鞍马狂欢赏。
> 青春波浪芙蓉园，白日雷霆夹城仗。
> ……

诗中的"芙蓉园"是皇家的御园，在曲江的南岸，园内"青林重复，绿水弥漫，帝城胜景也"①。夹城是唐玄宗时期所修，北起大明宫，沿东郭城向南，经兴庆宫直达曲江池南的一条复道，专供皇帝往来行走。

乐游原地势高敞，是长安城内著名的风景游赏区。站在乐游原上极目远眺，南对峰峦叠翠的终南山，北望波涛滚滚的渭河水，东隔浐河与白鹿原对峙，西与汉代五陵遥遥相望。登临原上，四望宽敞，京城之内，俯视如掌。原下，蜿蜒起伏的曲江两岸花红柳绿，微波粼粼的水面上倒映着蓝天白云。如此美好的景色吸引着长安城的人们，"每三月上巳、九月重阳，士女游戏就此，祓禊登高，幄幕云布，车马填塞，骑罗耀日，馨香满路"②。尤其是文人学士纷纷来此登原赏景，赋词咏诗，"朝士词人赋诗，翌日传于京师"③。

---

① 出自《游城南记》。
② 出自《两京新记》。
③ 出自《两京新记》。

诗人张九龄有《登乐游原春望书怀》：

> 城隅有乐游，表里见皇州。
> 策马既长远，云山亦悠悠。
> 万甃清光满，千门喜气浮。
> 花间直城路，草际曲江流。
> ……

诗歌生动地描绘了在乐游原上所见的水映落日、山光明灭的动态景色。

李商隐的《乐游原》更是脍炙人口，被称为一代绝句：

> 向晚意不适，驱车登古原。
> 夕阳无限好，只是近黄昏。

诗人来到乐游原上，看见晚霞中的长安城景色动人，风光无限，郁郁不乐的心情受到了感染，情绪也随之振奋起来，只是感叹这美好的时刻太短暂，若是能将它延长一些该有多好啊！

唐代中期，皇室贵族纷纷在城外修庄园、建别墅，长安城的周围布满了被称作别庄、别墅、柴庄、脂粉庄等不同名称的庄园。据《两京新记》载："唐长安中，太平公主于原上置亭游赏。"武则天的女儿太平公主经常来到乐游原上游玩，她非常喜欢这里的景色，就在这里修了一座庄园。庄园内古树参天，竹林茂密，亭台楼阁点缀其间，池塘边、绿篱旁遍植奇花异草。太平公主常常邀请亲朋好友来此赏景、游宴，以示其显贵、排场。

韩愈在他的《游太平公主山庄》中写道：

> 公主当年欲占春，故将台榭押城闉[①]，
> 欲知前面花多少，直到南山不属人。

从这首诗中，我们不难想象这座山庄的规模之大及豪华奢侈。太平公主的权势非常大，所以诗中说"欲占春"。诗中的"占"字和"押"字，形象地刻画出太平公主的野心。

[①] 闉：古代瓮城的门。

诗人刘禹锡的《城东闲游》也写道：

> 借问池台主，多居要路津。
> 千金买绝境，永日属闲人。
> 竹径萦纡入，花林委曲巡。
> 斜阳众客散，空锁一园春。

由此可知，这片花木台榭相互掩映的大庄园，是达官贵人消闲游玩的场所。开元元年（713）正月，太平公主因谋反被杀，唐玄宗将这片庄园赐给了宁、申、岐、薛四王，并加以营造扩建。这里仍为皇室所有，也因此更具神秘感。

乐游原之所以著名，不仅仅因为它环境幽雅，风景独特，是皇家园林，还有一个重要原因是在这座土原的最高处有一所著名的佛教寺院——青龙寺。

第二节　乐游原上青龙寺

青龙寺创建于隋代，是由官府所建的皇家寺院。它的设置与隋文帝迁建新都大兴城有直接的关系。

一、隋文帝建寺度亡灵

公元 581 年 2 月，大贵族杨坚废北周静帝，自己做了皇帝，定国号为隋。由于隋朝是杨坚以北周旧臣取而代之建立的新王朝，隋初只能以汉长安城为新的国都。这只是暂时的过渡，因为经历了近 800 年之久的汉长安城旧城池，并不适应新建帝国大一统王朝的需要。

自开皇元年立国之日起，隋文帝君臣就开始酝酿、筹划，决定重新选址，修建新的都城。修建新都有以下几个方面的原因：

其一，汉长安城自西汉初年修建，至隋已近 800 年，城中宫宇朽蠹，供水、排水系统严重不畅，污水往往聚而不泄，以致生活用水多受污染，水质咸卤，难以饮用。据《太平寰宇记》载："开皇二年，以长安故城年代既久，宫宇朽蠹，谋欲迁都。"且城池与宫室"制度狭小，不称皇居"，无法在其基础上进行新的规划和建设。

其二，汉长安城北临渭河，因河水不断地往南北方向涌动，都城有被河水淹没的危险。《隋唐嘉话》记载:"隋文帝梦洪水没城,意恶之,乃移都大兴。"

其三,汉长安城作为帝都,年深日久,不宜百姓继续居住生活。《资治通鉴》载,开皇初年,大臣庾季才上奏道:"京都地大人众,加以岁久壅底,垫隘秽恶,聚而不泄,则水多咸卤。"也就是说,官署与民居挤在一起,城内布局混乱,且由于生活环境受到污染,饮用水"咸卤难进",城内已不具备继续居住和生活的条件。

其四,据《隋书·高祖纪》载:"而王公大臣陈谋献策,咸云羲、农以降,至于姬、刘,有当代而屡迁,无革命而不徙。曹(操)、马(司马懿)之后,时见因循,乃末代之宴安,非往圣之宏义。"这就是说,历代都曾迁都,隋朝初建,也应另建新都,以适应大一统的需要,并以此为实现隋朝统治者雄图大业的开端。

基于以上原因,隋文帝于开皇二年(582)六月正式颁布诏书,任命尚书左仆射高颎为营新都大监,太子左庶子宇文恺为营新都副监,太府少卿张煚为监丞,开始营建新的都城。

新建都城的城址到底选在哪里最合适呢?隋文帝和他的大臣们一致认为新都不应该远离关中地区,因为另建新都只是出于对汉长安城本身现状的不满,与它所处的现实环境没有任何关系。经过一番全面认真的调查,隋文帝将新建都城的城址选在了汉长安城东南10千米处的龙首原之南,这里与汉长安城原本是相连为一体的平原地区。

这一区域在交通、军事、经济等方面条件极好,正如营建诏书中所言:"龙首山川原秀丽,卉物滋阜,卜食相土,宜建都邑,定鼎之基永固,无穷之业在斯。"①这一带位于关中地区的中心,地势广阔,土壤肥沃,四周八水环绕,农业发达,交通便利,"阻山带河"②,是营建新都的理想之地。

隋文帝杨坚是在尼寺里降生的,他出生后由于身体不好,日夜啼哭不止。寺里有一位法名智仙的比丘尼对杨坚的父母说:"(此)儿天佛所祐,勿忧也。"她给杨坚起了个乳名叫那罗延,是金刚不坏的意思。智仙说:"此儿所从来甚异,不可于俗间处之。"③意思是这个孩子大有来头,不能随意放在一般的地方

---

① 出自《隋书·高祖纪》。
② 出自《汉书·项籍传》。
③ 出自《隋书·高祖纪》。

养育，要求将这孩子交给她来抚养。杨坚的父母对佛法深信不疑，就"割宅为寺，内通小门，以儿委尼"①。杨坚在寺院里生活了13年，听从尼姑的教诲，耳濡目染，深受佛教文化的熏陶，这对他后来的生活作风和政治态度都有很大的影响。

杨坚登上帝位后，十分支持佛教的传播与复兴。他曾经对一个名叫灵藏的和尚说："律师度人为善，弟子禁人为恶，言虽有异，意则不殊。"②意思是，"度人为善"和"禁人为恶"殊途同归，都可以达到消弭反抗、加强统治的目的。他的崇佛思想在营建新都的过程中也体现出来。

选定城址后，营建新都的第一个步骤是清理城郭基地，将规划区内的陵墓荒冢迁至郊外。笃信佛教的隋文帝对此事十分重视，于同年七月癸巳"诏新置都处坟墓，令悉迁葬设祭，仍给人功；无主者，命官为殡葬"③。这是说，有主之坟由官府资助自行迁葬，无主之坟由官府出面代为迁葬。据《唐会要》卷五十记载："初，宇文恺置都，以朱雀门街南北尽郭，有六条高坡，象乾卦，故于九二置宫阙，以当帝之居，九三立百司，以应君子之数，九五贵位，不欲常人居之，故置元都观兴善寺以镇之。"当时龙首原南部有6条隆起于地面的高坡，自东南向西北横贯京城，为"☰"形，正巧与《易经》乾卦中的六爻形状相同。在《易经》中，乾卦属阳，称九，若将横贯京城的6条土原从北往南数，依次应该称为九一、九二直至九六。根据卦辞的解释，九二、九三、九五分别属于"大人""君子""飞龙"之位，都是"贵位"。因此，宇文恺在奉诏设计蓝图时，在九二这个位置修筑宫殿，供帝王居住；在九三的位置设立百司衙署，作为王公大臣的办事机构；而对处于九五"贵位"的乐游原是怎样安排的呢？原来，在修建玄都观和大兴善寺的同时，还特意在乐游原东部的最高处修建了灵感寺，为那些被迁葬的亡灵祈求冥福。

自从灵感寺建成后，逢年过节寺里的僧人都会为被迁葬的亡灵诵经作法、祈求冥福。经历隋末唐初的战乱，灵感寺遭到严重的毁坏，僧舍倒塌，寺院荒芜，至唐高祖武德四年（621），因破败而废弃。

唐高宗龙朔二年（662），有一个从苏州来的和尚法朗住在废弃的灵感寺里。

---

① 出自《续高僧传》。
② 出自《续高僧传》。
③ 出自《北史》。

他为身患重病的城阳公主吟诵《观音经》，使公主奇迹般恢复了健康。康复后的公主十分高兴，奏请唐高宗将灵感寺整修一新，称为观音寺。唐睿宗景云二年（711），改称青龙寺。

关于此寺，宋敏求在《长安志》中写道："本隋灵感寺，开皇二年立。文帝移都，徙掘城中陵墓，葬之郊野，因置此寺，故以灵感为名。至武德四年废。龙朔二年，城阳公主复奏立为观音寺。初，公主疾甚，有苏州僧法朗，诵《观音经》，乞愿得愈，因名焉。景云二年，改为青龙寺。"这段话记述了青龙寺从隋代灵感寺到唐代青龙寺的名称变化过程。

唐武宗会昌五年（845）禁佛时，青龙寺被废。会昌六年（846）又被恢复，改名为护国寺。唐宣宗大中九年（855），青龙寺恢复了原名。北宋哲宗元祐元年（1086）以后，寺院废弃，地面建筑荡然无存。

二、青龙寺寺名的由来

关于青龙寺的得名，史书中没有记载，推测它与我国古代有关四神的传说有一定的关系。

四神是指中国传统文化中的四种祥瑞之物，远在汉代就很盛行，史书中就有关于汉代某皇帝因获瑞物而改年号的记载。由于皇室的重视和提倡，在流传至今的汉代遗物中，四神的形象比比皆是。四神在汉代的另一个作用是表示方位。据《三辅黄图》载："苍龙、白虎、朱雀、玄武，天子四灵，以正四方。"也就是说，这四神分别象征着东、西、南、北四个方向，青龙代表的是东方。

汉代青龙瓦当

汉代长安城东城墙共有三个门，南边的城门原名霸城门，人们却称其为"青门""青绮门"。到了唐代，人们沿用汉代旧习，把唐长安城东面的延兴门亦称为"青门""青绮门"。李白的诗中有"何处可为别，长安青绮门"。张籍在《过贾岛野居》一诗中说"青门坊外住，行坐见南山"，在这里，"青门"专指城墙东门。另外，在天文"四象""二十八宿"中，也是用青龙表示东方的。

综上所述，乐游原位于唐长安城的东部，青龙寺坐落在乐游原的最东头，东谓之"青龙"，所以这座寺院以"青龙"为名，符合其地理位置。这种习俗直到明清以后在许多地方仍被沿用，如北京的四合院，因宅院多是面南背北，左前方为东方，所以除王府的大门仍居正中之外，一般的民居都把门开在左前角，称为"青龙门"，这符合八卦中"坎宅巽门"吉利之说。

一座佛寺为什么要以"青龙"为名呢？流传在民间的故事是这样的：很久很久以前，年老的浐河龙王喜得一龙太子，因其浑身墨黑，故为其起名为小青龙。娇生惯养的小青龙十分任性，稍有不顺便大闹龙宫，因而所有的事情都得由着他。时间一年一年过去了，长大了的小青龙爱上了美丽温柔的泾河龙女，他们情投意合，竟私订了终身。然而泾河龙王却嫌贫爱富，一心要以自己的女儿去攀附东海龙王，坚决不同意龙女与小青龙的婚事，还禁止他们继续往来。小青龙日夜思念心上人，心急如焚却又不能相见，只好每日里呆呆地翘首北望。而多情的龙女也常常躲过泾河龙王的监视，跳到泾河岸上，梳洗她飘逸的长发，借此机会与小青龙遥相眺望，表达思念之情。

汉高祖刘邦建都长安后，修筑了长乐宫，随后又建起未央宫。这些建筑挡住了小青龙的大部分视线。汉惠帝刘盈统治时期，又征发男女民工10多万人，整修了长安城。高大的城墙完全遮挡了小青龙的视线。他恼怒万分，暴跳如雷，发誓要不顾一切捣毁长安城。小青龙的打算被浐河龙王发觉，年迈的龙王苦苦劝说，告诫他毁坏城池会触犯天条，会被夷灭全族，并答应托人说媒，让小青龙娶邻近的灞河龙女为妻。小青龙哪里听得进去，始终不肯就此罢休。浐河龙王无奈，只得将小青龙捆绑起来，派兵看守。

一天深夜，小青龙挣脱绳索逃出了龙宫，黎明时分在汤峪登岸。这时雄鸡报晓，天将大亮，小青龙不能立即攻城，只得暂时躲藏起来，准备天黑之后再行动。长安城隍得知小青龙要来攻城的消息后，大惊失色，慌慌张张飞上天去，在牡丹仙子的帮助下，求到了王母娘娘头上的金钗，带领着天兵天将急急忙忙向汤峪奔去。这时小青龙已发现情况不妙，便不顾一切地向北冲去。经过一番厮杀，寡不敌众的小青龙被金钗钉在了冈原上。从此，人们就将这座冈原称作青龙山。

隋建大兴城后，文帝杨坚担心小青龙寻机闹事，因而听从国师的建议，在青龙山上建灵感寺（后改名为青龙寺）压镇。为了纪念牡丹仙子，寺内的木塔上雕刻有牡丹仙子之像，寺院内广栽牡丹、芍药。此后青龙寺香火旺盛，声名远扬,成为佛教密宗的著名寺院。

这虽是民间传说,却为青龙寺增添了一段爱情神话。

三、千年古寺何处寻

中唐时期,在朝廷的大力扶持下,佛教的势力和影响极盛。当时广建庙宇殿堂,大兴土木,不仅耗费了大量的人力、物力,也导致许多金银财宝和土地被寺院占有。据载,当时全国寺院占有良田数十万亩,这些土地主要是靠农民耕种,收取地租和发放高利贷成为寺院的经济来源,并形成了一个个相对封闭的庄园。寺院经济的迅速膨胀,不仅触犯了地主和贵族的利益,也极大地影响了国家的财政收入,甚至达到了"十分天下之财而佛有七八"的程度。还有一些不法僧徒勾结官府,扰乱社会,害人坏法,抗衡朝廷,甚至对大唐王朝的政权产生了威胁。

为了朝廷的稳定和巩固,会昌五年(845)唐武宗诏令"废浮屠法",这是他执政期间最为重大的事情。在这次"灭佛"事件中,共拆除寺院4600余所,招提、兰若等其他有关佛教建筑40000余座被毁坏,长安城内只保留了大慈恩寺、荐福寺、西明寺、庄严寺,其余的全部废毁。佛家称这次敕禁佛教的运动为"会昌法难",这是唐代乃至中国历史上佛教受到的最为严重的打击。

在"会昌法难"中,青龙寺也难逃厄运:殿宇被拆,地宫被毁,僧人被勒令还俗并遣回原籍,寺内财产全部收归国库,寺院被收作皇家内苑。[1]

会昌六年(846)三月,排斥佛教、偏好道术的唐武宗因服食道士赵归真等人供奉的仙药暴疾而死,武宗的叔父李忱即位,是为唐宣宗。宣宗认为佛教"虽云异方之教,无损为政之源"[2],意思是,佛教虽是从国外传来的宗教,但它的教旨并不损害国家的利益。他对那些鼓动灭佛的道士进行了严厉的打击和制裁,同时开始恢复京城的寺院建设,对新增加的僧尼经官府登记后予以度牒,承认其合法身份。在朱雀大街东西两侧被废毁的寺院中,经过选择决定修复8所寺院,其中包括青龙寺。这说明青龙寺虽然遭到毁坏,但还具备恢复、重建的条件。但是,修复后的青龙寺,不仅规模不如从前,连名称也被改为护国寺,直

---

[1] 出自《入唐求法巡礼行记》。
[2] 出自《唐会要》卷四十八。

到唐宣宗大中九年（855）七月，才恢复了青龙寺的名称。

晚唐时期，朝廷的腐败致使统治力量削弱，随着政治中心的东移，长安城失去了往日的辉煌。在唐末战乱的焚烧、掠夺中，长安城以及城内的寺院都遭到了毁灭性的破坏，青龙寺也难逃厄运，僧舍被毁，院墙坍塌。北宋元祐元年（1086）以后，寺院逐渐废弃，地面建筑荡然无存。光阴似箭，日月如梭，随着时间的推移和新旧朝代的更迭变换，长安城的坊里布局也发生了巨大的变化。渐渐地，只有那些上了年纪的老人偶尔还会讲起有关青龙寺的传说，但是故事中那座寺院的确切位置却已模糊不清了。

明末清初，人们一直将位于西安城东南隅祭台村的石佛寺误认为是唐代的青龙寺，这主要是受《咸宁县志》的影响。日本学者足立喜六在《长安史迹研究·现存的唐代佛寺》中对青龙寺的记载是这样的："青龙寺又名石佛寺，是日本弘法大师入唐之初来请益的僧侣留锡之处，为日本佛教史上不可或忘的名刹。寺址在西安城外东南五里，即龙首原支脉乐游原南崖的祭台村。"唐代的青龙寺与日本的佛教文化有着密切的关系，使日本的佛教信徒们念念不忘。

1924年至1925年，日本和尚和田辨瑞与加地哲定先后来到西安，瞻礼日本佛教真言宗的祖庭青龙寺，误将祭台村的石佛寺认作青龙寺的旧址，并在该寺大殿的南壁上题词。

和田辨瑞的题词是："当今石佛寺者，唐之青龙寺也。贞元二十一年六月，日僧空海上人，即弘法大师，仰当时惠果大和尚受学密教。千二百年后，末资辨瑞当寺，无极感恐湮灭，兹书。大正十三年仰八月十八日，真言宗末资和田辨瑞志。"

加地哲定的题词是："大正十四年六月十一日，余诣此处。该寺是青龙寺之故址，密教根本道场也。嗟！法灯既灭，和尚逝久，感慨无量。所愿法灯再燃，佛日增辉。密乘沙门加地哲定识。"

民国时期，爱国将领朱庆澜也将祭台村的石佛寺误作唐青龙寺遗址，曾出资修整寺院，复立匾额，并亲笔题写"唐青龙寺"。

朱庆澜（1874—1941），字子桥，祖籍浙江绍兴。辛亥革命时，任四川军政府副都督。曾任广东省省长、东省特别区行政长官兼中东铁路护路军总司令等要职。自担任国民政府赈务委员会委员长后，以毕生的精力致力于社会救济及福利事业。1929年陕西大旱，为拯救灾民，亲赴灾区视察，并募捐、购粮16万担，救济关中灾民100多万人。同时还竭力保护文物，修葺古代建筑，并将

朱庆澜

泾阳太壸寺、岐山太平寺、扶风法门寺、大雁塔、千福寺、青龙寺（实为石佛寺）等寺院相继重修，为保护历史古迹做出了不可磨灭的贡献。

第三节 青龙寺遗址研究

青龙寺是唐长安城里著名的寺院之一，位于城东南隅新昌坊内。作为唐代佛教密宗的根本道场，它以教学和发扬密宗而名扬天下，其影响远及日本、新罗、诃陵等国，特别是对日本佛教影响深远。青龙寺的盛衰，反映了佛教密宗从发展至衰微的全部过程，在中国佛教史上占有一定的地位。为全面了解青龙寺的范围和布局，考古工作者从20世纪60年代开始，对青龙寺遗址进行了多次勘探和发掘。

一、遗址的确认

1963年，中国科学院考古研究所西安唐城发掘队在查阅大量资料的基础上，对青龙寺遗址做了初步的实地勘探,探明大雁塔以东、铁炉庙村以北是唐青龙寺遗址所在地,其勘探情况反映在《唐青龙寺遗址踏察记略》中。这次勘探取得的主要成果有:

1. 发现延兴门街遗址,其位置在铁炉庙村南,此处东与延兴门遗址相对。
2. 发现新昌坊南北街遗址,其位置在铁炉庙村西的小学北面。
3. 发现城墙的夯土城基,位于铁炉庙村东头的东南处,距地表深20厘米。
4. 在遗址的附近还发现了唐代的砖、瓦等寺院遗物,这些遗物主要分布在铁炉庙村内和村北的原上。

其中重要的文物是一件石灯台经咒幢。此幢为八面形,三面刻有梵语音译《佛顶尊胜陀罗尼咒》。据《金石萃编》载,"释家以经为显教,以陀罗尼为密教",因此这件经幢对研究密宗寺院青龙寺有着重要的意义。

另外,在铁炉庙村南500米左右的原上,发现石刻小塔两座,其中一座破损,另一座较为完整。塔身为六面形,上部刻有仿木结构的塔顶,下部为莲花形底座。这两个遗物时代不明,可能是舍利塔。

以上遗物的发现,为确定青龙寺的位置提供了实物线索,也为进一步的科学发掘提供了有利条件。

1973年10月,中国科学院考古研究所西安工作队又对青龙寺的位置进行了探察和发掘。据《唐青龙寺遗址发掘简报》介绍,这次探察,首先钻探了新昌坊的街道,确定了青龙寺在新昌坊的位置,探明了遗址现状,纠正了长期以来关于青龙寺寺址的错误推断,为修复和建设青龙寺提供了第一手资料。

这次探得建筑遗址7处,发掘遗址2处,发掘面积1516平方米。发现的7处遗址分别是门址、塔址、殿堂遗址(一)、殿堂遗址(二)、回廊遗址、北门遗址、配房遗址。

发掘出土的遗物大部分是建筑材料。其他遗物虽然为数不多,却颇具佛寺特点,如石刻佛像残片、鎏金小铜佛、小银像及小陶塔等。其中出土的壁画残片,证实了张彦远《历代名画记》中关于青龙寺有壁画的记载。

1979年秋,中国社会科学院考古研究所继续对青龙寺遗址进行了探察和发掘,确定了新昌坊横跨乐游原南北两坡。由于取土等人为的破坏,地形、地貌变化很大,城坊墙的遗迹已不复存在。但是,根据它南临延兴门大街、东靠城墙这一记载,新昌坊的大体范围还是可以确定的。青龙寺位于新昌坊十字街的东南隅,占全坊面积的1/4。

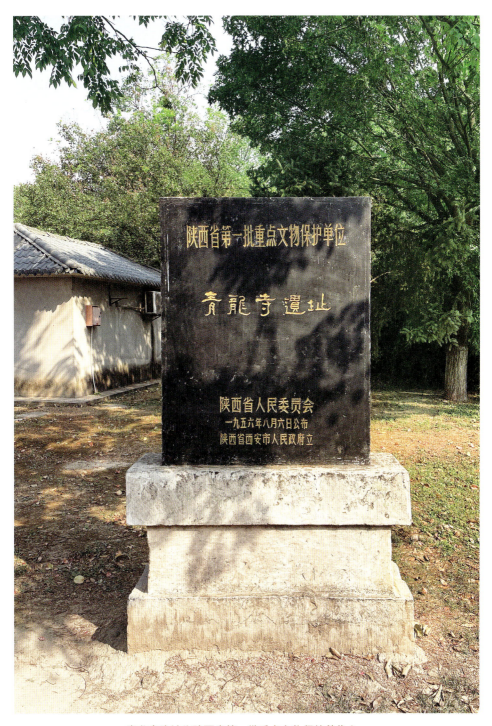

青龙寺遗址为陕西省第一批重点文物保护单位之一

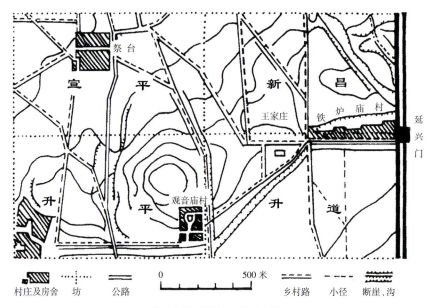

青龙寺遗址附近地区示意图

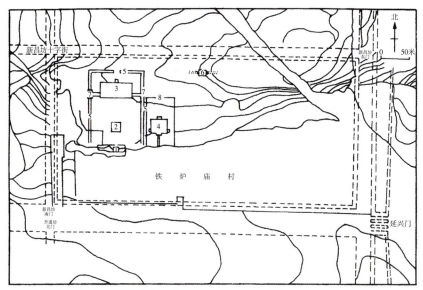

1. 1号遗址（中三门遗址） 2. 2号遗址（塔基遗址） 3. 3号遗址（殿堂遗址） 4. 4号遗址（东院遗址）
5. 5号遗址（回廊遗址） 6. 6号遗址（北门遗址） 7. 7号遗址（配房遗址） 8. 8号遗址（墙址）

青龙寺遗址勘测总图

实地测量得知，青龙寺占地东西长 530 余米，南北宽 250 余米，面积约 132500 平方米。乐游原的南坡被铁炉庙村所占，村民们在这里取土、建房、挖窑洞等，已将南坡削为平地，形成了 15 米高的断崖。现在的青龙寺遗址仅存原上的部分，大约是原范围的 1/2。

在 4 号遗址北面探得围墙基址（8 号遗址）和 3 座窑址，同时还对 1 号、3 号、5 号、7 号遗址以及 8 号遗址的一部分进行了发掘整理。

1980 年春，继续发掘 8 号遗址、6 号遗址和 3 座窑址。

以上建筑遗址的发掘，为我们了解青龙寺遗址的现状和布局提供了真实可靠的依据。

唐长安城几乎每个坊都有佛寺或道观，据唐韦述在《两京新记》中记载，长安城内有僧寺 64 座、尼寺 27 座。在这些寺院中，青龙寺以地处"贵位"、风光旖旎而著名。更为重要的是，青龙寺作为传播佛教密宗的重要道场而闻名中外。若想知道青龙寺的过去，就让我们从遗址与出土文物中寻找答案吧。

二、塔院遗址的发现

考古工作者从 1963 年到 1989 年，对青龙寺遗址进行了多次勘探与发掘，逐次发现了青龙寺的一些建筑遗址，发现的遗迹和遗物为确定青龙寺的位置和建筑形制提供了科学依据，为研究唐代文化与佛教文化提供了实物资料。所发现的建筑遗址主要集中在青龙寺的西部，从布局上看，应是东西并列的两座伽蓝院落遗址。

青龙寺遗址发掘现场

(一) 塔院遗址

该遗址位于青龙寺的西部,是现存比较完整的一座伽蓝院落遗址。该院落由中三门、塔基、殿堂、回廊及两侧配房等五部分组成。

中三门遗址(1号遗址),位于青龙寺遗址西部南侧的断崖处,从断崖上暴露的部分可以看出是一个门址。由于破坏严重,门址的形制已不清楚,但大体范围仍看得出来,中间为通道,路土宽6米多,两侧为版筑夯土台基,与路土下面的夯土相接。与宋《营造法式》中所记的"断砌造"台基相似,应为中门遗址。至于山门(寺庙外门),当更在其南部紧临东西大街的地方,现已无遗迹。

塔基遗址(2号遗址),位于中三门遗址正北25米处。这一带地势平坦,长期有人在此耕地和掘土,所以遗址破坏比较严重。该遗址覆盖在地宫之上。塔基现存夯土为台基下的地基部分,距地表1.2米,上部的台基部分已荡然无存。其中心部位有一个4平方米左右的直壁方坑,深约2米,从其所在的位置来看,应是所谓的地宫。由于破坏,地宫内的建筑结构已不存在。地宫内除少量碎砖外,没有发现其他遗物。从规模来看,这里的塔可能是隋唐时期盛行的方形木塔。

唐代以前的塔基一般比较低矮,只起基础的作用。唐代以后,为了突出古塔的高耸挺拔,塔基才日渐高显起来,并成为古塔造型中不可缺少的一部分。

据圆仁《入唐求法巡礼行记》记载,青龙寺有东塔院。而这次发掘的塔址位于青龙寺的西部,由此推断青龙寺不仅有塔,而且不止一座。

塔基遗址

殿堂遗址发掘现场

殿堂遗址晚期殿堂台基

殿堂遗址（3号遗址），坐落在塔基遗址以北43米处，属于隋以前前塔后殿的建筑风格。据发掘资料可知，此殿应为讲堂，是早期和晚期两个殿堂叠压的残破台基，上层是唐武宗毁寺后重建的殿堂遗存，下层是毁寺前的早期殿堂遗存。

晚期殿址是在早期台基上重建的。台基呈长方形，柱础已不存在，但有夯筑坚实的磉墩。从磉墩形成的柱网可知，殿堂面阔9间，进深约5间。台基东西两侧有对称的漫道遗址，南面有踏道遗址两处。

早期殿址规模比晚期的大，平面为长方形，因被叠压在晚期殿址的下面，所以考古工作者只对两端延伸出的部分做了发掘。从发掘情况得知，早期殿堂面阔 13 间，进深 5 间。从夯土遗迹可以看出，早期殿堂也有东西漫道，被叠压在晚期殿堂的下面。从这里出土了石灯台残柱一件，上刻经文 23 行，有大和五年（831）的记载。这说明早期殿堂建筑是在唐会昌五年灭佛时被毁的，晚期殿堂则是翌年宣宗恢复寺院建设后修筑的。

通过发掘，弄清了早晚两期殿址的建筑形制和保存现状，晚期建筑是在早期建筑毁坏之后又在原址上重建的，规模小于早期建筑。

回廊遗址（5 号遗址），位于塔院四周，多遭破坏，只有西廊遗址保存尚好。在发掘配房遗址时，现西廊遗址有与西配房相连的一段廊址台基，保存着础石柱洞各一，未经移动，应是回廊后墙（西墙）内暗柱之洞。由回廊围成的塔院，形成了一座十分规整的长方形伽蓝院落。

配房遗址（7 号遗址），共两座，位于 3 号殿址东西两侧的廊址中。配房遗址已残缺。根据出土的砖瓦及地层叠压情况来看，此配房遗址可能是早期廊庑和僧房建筑遗址，属于晚唐建筑。经钻探，东西两廊均有这种建筑。

在青龙寺早期的建筑遗址中，南为中三门，门内有塔，北为殿，平面布局为前塔后殿，以塔为主。这种格局是唐代以前寺院的主要布局形式。唐代以后的寺院建筑多以殿为主，塔则降至次要地位，大都建在殿后或者殿的左右两侧，有的干脆建在别的院落中。

所以，青龙寺遗址的早期建筑应该是隋代所建灵感寺的一部分，后期建筑则是唐武宗灭佛后恢复修建建筑的一部分。

配房遗址发掘现场

（二）东院殿址

该遗址由一座殿堂遗址和环绕该殿一周的墙址组成，因其位于塔院遗址的东侧，所以被称为东院殿址。

殿堂遗址（4号遗址），位置偏南，与西侧的塔址东西相对。仅存台基部分，也是早晚两期殿堂遗址重叠在同一基址上。

殿堂遗址晚期殿堂台基

上层为晚期殿址，台基平面呈长方形，残高0.8米，东西长28.75米，南北宽21.75米。台基面及柱础等都已不存在，只留有夯筑坚实的磉墩。从磉墩形成的柱网可知，晚期殿址面阔5间，进深4间。在其中心部位，有略高于周围磉墩的夯筑遗迹。据专家考证，这是宋《营造法式》中所谓的"金厢斗底槽"式，可能是坛座的残基遗存。台基南侧正中有月台遗迹，东西长6.6米，南北宽4.4米，东西两侧有宽4.8米的漫道遗迹，台基北部正中有宽7.2米的踏道遗迹。

下层为早期殿址。经钻探得知，台基为方形，长、宽均为28米，范围略大于晚期台基，面阔及进深均为5间。未发现月台遗迹。台基两侧的漫道较晚期漫道偏北。

这里出土的遗物大部分是砖瓦类，有长方砖、莲花方砖、素面方砖、板瓦、筒瓦、莲花瓦当及鸱尾和具有鼻眼唇牙的鸱吻等残片。其中莲花瓦当、兽面瓦当和鸱吻多是晚期殿堂的遗物。

墙址（8号遗址），环绕着殿堂遗址，在殿堂遗址以北20米处，残长47米，残高0.5米左右，厚1米左右。墙址东端向南6米后即断缺，但可据此复原东墙。向西未探得西墙遗址。南边紧靠断崖，南墙的位置无从考证。但是这部分墙址的发掘证实了东院自成院落，是青龙寺内的诸院之一。

（三）北门遗址（6号遗址）

北门遗址位于青龙寺北边正中，大概是青龙寺北边的正门。这里地势最高，处于乐游原的顶部。仅残存部分夯土基址和门道路土及车辙的遗迹。由于破坏严重，门址的形制已不清楚。但是，从残存的夯土遗迹、路土、车辙以及柱础等来看，这里应当是门的遗址。从路土的范围来看，门道的宽度应在6米以上，进深应在5米以上。

从此处出土的鎏金铜泡钉可以推断，当时这座寺院的山门是相当华丽、壮观的。唐代诗人舒元舆在他的《长安雪下望月记》中说："因自所居南行，百许步登崇冈，上青龙寺门。门高出绝寰埃，宜写目放抱。"[①]舒元舆当时住在青龙寺以北，文中所说的"青龙寺门"，可能就是青龙寺的北门。文中讲到的"门高出绝寰埃"不仅仅是指地势高，还有可能是指当时青龙寺的北门建有门楼。

三、遗址出土文物概况

青龙寺遗址出土了大量的砖、瓦残块，一些鸱尾、垂兽残块，以及陶器、瓷器残片，还有佛像、经幢等石刻残片。

1. 砖类包括长方形砖、方砖、脊头砖等。长方形砖背面多印有手印纹或绳纹，俗称"手纹砖""绳纹砖"。在此类砖中，还有一种一头薄一头厚的楔形砖。方形砖多以斜格菱形纹、莲花纹为饰。脊头砖也称"兽面砖"，平面略近于梯形，上端略窄，呈圆角，下端为方角，正面为兽面形——以高浮雕做成的类似狮面的形状。

手纹砖

---

① 出自《全唐文》卷七二七。

绳纹砖

绳纹砖残块

2. 瓦类包括筒瓦、板瓦、瓦当等。其中，瓦当有莲花纹瓦当及兽面纹瓦当两种。莲花纹瓦当上莲瓣形式的变化，反映出其时代早晚的差别。兽面纹瓦当上的兽面与狮面近似。

筒瓦

花边板瓦残块

3. 鸱尾和垂兽均为残块。如将鸱尾复原，其高度可达1.5米，反映了当时殿堂建筑的规模。

鸱尾残块

4. 陶器均为泥质灰陶瓮、盆的残片。瓷器有黑、白二色，器形有碗、壶（注子）、扣盒等。

黑瓷碗　　　　　　　　　　　　白瓷碗

5. 金属小佛像有鎏金铜、铜质和银质小型造像三种。三彩佛像仅存数枚残片。陶塔均为泥质红陶，仅一件是完整的，残高7厘米。段成式《酉阳杂俎·寺塔记》云：赵景公寺有"小银象六百余躯，金佛一躯"，在移塔时建道场，"造小泥塔及木塔近十万枚葬之"。这个记载正可与出土文物相印证。

鎏金佛像　　　　　　　　　　　鎏金铜佛像

鎏金铜佛像（局部）

三彩象座

三彩佛像残片

6. 石刻残块包括造像、石佛座、铭文石刻等。石刻造像有似菩萨者,石佛座为莲花形。铭文石刻中残存文字最多的有 11 字:"……生皆共成佛道麟德元年岁[次]……"

白石圆雕弥勒佛像

圆雕罗汉像

经幢残片

青石四面开龛造像碑

石造像碑

石佛座残块

石灯台残段

7. 石灯台残段一件，为八角柱形，柱面刻有《佛说施灯功德经》和《佛顶尊胜陀罗尼经》，并有"大和五年杜文秀奉为囗国及法界众生建灯台一所正月八日立"的铭文。

此外，在遗址中还出土了陶砚、石砚、鎏金铜泡钉、铁钉、开元通宝等遗物。

这些出土文物为我们了解佛教密宗文化与唐代青龙寺的建筑提供了丰富的实物依据。

第二章　青龙寺与唐代密宗

密宗源于印度的密教，传入中国后，汲取了中国的传统文化，融合了儒家和道家的学说以及中国本土的民间信仰，从而形成了一个新的佛教宗派。青龙寺在密宗的传播过程中起到了极为重要的作用，为密宗的根本道场。

第一节　密教的形成与传播

密教是佛教"秘密教"的简称，它是相对于显教而言的。密教是佛教在发展过程中产生的一个有着独特地位的教派。

一、佛教的创立

佛教产生于公元前6世纪至前5世纪，公元十二三世纪开始衰退。它的创始人是乔达摩·悉达多，属刹帝利种姓。他因属于释迦族而被尊称为释迦牟尼，意为释迦族的圣人。他生于公元前565年，卒于公元前490年至前480年之间。

佛教初创之时，适逢印度社会进入奴隶制时期。伴随着奴隶制经济的不断发展，社会政治势力的斗争日趋激烈，传统的种姓制度将人们分为婆罗门、刹帝利、吠舍、首陀罗四个阶层。

在这种制度下，婆罗门掌握着文化和宗教大权，垄断了一切知识。婆罗门附会印度民间流传的创始说，宣扬万神之神梵天"为了繁衍人类，他从自己的口、臂、腿、足创造了婆罗门、刹帝利、吠舍和首陀罗"①，主张吠陀天启、祭祀万能和婆罗门至上。婆罗门是印度的第一种姓，因优越的统治地位和特权而逐渐变得骄奢淫逸，引起了其他社会阶层的不满。

刹帝利是新形成的奴隶制国家的统治者，随着社会经济的发展和社会阶层的不断分化，他们对婆罗门的统治特权极为不满，要求扩张权力，扩大统治范围，这与婆罗门教的神圣之权形成了尖锐的冲突。

吠舍以工商业奴隶主和高利贷者为主，受社会地位的制约，对政治权力的渴望和强烈要求使他们对婆罗门的世袭特权和地位也很不满。

首陀罗是受压迫和剥削的种姓，处于社会最底层，他们对婆罗门的统治不满，常通过逃亡和破坏水利工程等方式与奴隶主进行斗争。

以上这些社会力量代表着不同阶层的利益，反映在思想领域，主要表现为婆罗门思想和非婆罗门思想的斗争。

当时由于奴隶制的快速发展，形成了大量的城镇国家，各统治势力割据一方，自立为王。比较大的有摩揭陀、憍萨罗、阿槃提等10多个国家，思想领域亦格外活跃，诸花纷繁。据耆那教经典说有"三百六十三见"，意思是有360多家学派。佛教典籍中也记载有"九十六外道"，即佛教之外还有96种思潮、学派。②其中最有名的是阿耆多·翅舍钦婆罗、尼乾陀·若提子、婆浮陀·伽旃那、富兰那·迦叶、末伽梨·拘舍罗、散若夷·毗罗梨子，这6个人被称为"六大师"。"六大师"和释迦牟尼都反对婆罗门的统治特权。在释迦牟尼的努力下，佛教上升为婆罗门教的主要对立派。

释迦牟尼提出四谛、八正道、十二因缘、五蕴等基本教理，倡导种姓平等："不应问生处，宜问其所行，微木能生火，卑贱生贤达。"显然，这是与婆罗门教相对立的说法，对传统的婆罗门教的神权提出了挑战，因此既得到了刹帝利统治者的支持，也得到了下层民众的拥护。佛教的教理顺应了历史发展潮流，也是当时经济变革和社会政治斗争在思想领域的反映。

由于释迦牟尼的佛教学说受到了社会各阶层的支持，有些婆罗门教徒也转入佛教，将他们原来的信仰和密法咒术也带进了佛教。咒术是印度民间的一种原始信仰的表现形式，早期佛教对多神祭祀以及《阿闼婆吠陀》的咒法、仪轨

---

① 出自《摩奴法典》。
② 出自任继愈《中国佛教史》。

等，都采取否定的态度，规定采用咒术就是违反戒条。因为民间的多神信仰与婆罗门教的精神是杂糅在一起的，所以释迦牟尼对此一概排斥。

二、密教的形成

随着印度社会的发展，佛教的演变发展过程大致可分为四个阶段。

1. 原始佛教阶段（公元前6世纪中叶至公元前4世纪中叶），主要是指释迦牟尼创教及其弟子传承其教说阶段。在这一阶段，民间的禁咒和婆罗门教的明咒被严格禁止，明确规定采用咒术就是违反戒条。

2. 部派佛教阶段（公元前4世纪中叶至公元1世纪中叶）。这一阶段因出现分歧而产生了不同派别。佛教一直采用的是口授心传的方法，因此在释迦牟尼逝世100多年后，所传教义产生了两大派系：一个是尊崇传统、遵守旧规的上座部，另一个是较为积极、提倡改革的大众部。之后，上座部历经7次分裂，成为12派，大众部历经4次分裂，成为8源。

3. 大乘佛教阶段（公元1世纪中叶至公元7世纪）。大乘是针对小乘而言的。"大乘"意为"大的运载物"，比喻能将众生运载到涅槃彼岸，脱离苦海。大乘佛教也分为多个派别，其中主要是中观学派和瑜伽行派。

大乘佛教阶段又分为初、中、晚三个时期，密教产生于晚期。

初期是在公元1世纪到5世纪，以中观学派学说为代表。中期是在公元5世纪到6世纪，以无著世亲的瑜伽行派学说为代表。这一阶段是印度历史上少有的统一时期，笈多王朝建立了一个版图辽阔的帝国，社会经济和文化都有了很大发展。这一时期是印度中世纪的黄金时代，同时也是大乘佛教的鼎盛时期。晚期是在公元6世纪以后，也是佛教的衰落期。在这一时期，被释迦牟尼视为旁门左道的真言咒语变得佛教化、合理化，与婆罗门教的禳灾、祈福、崇众神等世俗宗教观念相糅合，吸收了高度哲理化的佛教中观、瑜伽的理论，形成了在印度有着特殊地位的密教。

4. 密教阶段。"密教是采用秘密仪式教派的总称，……以高度组织化的咒术、仪礼、俗信为其特征，主要崇拜对象是女神。"[1]后经不断发展，密教上升为印度佛教的主流。

---

[1] 出自《中国大百科全书·宗教卷》。

三、密教的传播

密教盛行于印度西南及德干高原一带，位于恒河南岸的超戒寺是当时密教的学术中心。密教兴起有以下几个原因：

1. 公元七八世纪时，在印度西南及德干高原一带，经济、政治局势动乱复杂，这些地区分裂成许多小国，民间滋生出各种各样的祭祀崇拜。

2. 阿拉伯人的不断入侵，导致印度的商业及对外贸易急剧衰退，加剧了社会的动乱。

3. 大乘佛学向经院哲学发展，日益脱离民众。

4. 波罗王朝的第二代君主是达摩波罗，他对密法极为崇信，在恒河南岸修建了一座规模宏大的密教中心——超戒寺。这座寺院的规模远远超过那烂陀寺，寺内大菩提佛殿居中心位置，环绕于佛殿周围的殿堂共有 53 座，另外还有 108 座小院，供奉的几乎全是密教神像。寺内的名僧大德除研习密法之外，还培养了许多密教僧人，这里因而成为印度密教的研究和传播中心。

1203 年，超戒寺被伊斯兰教在印度的统治者焚毁，这一密教传播中心从此消失。这一时期，密教已经传入中国，并从中国传至日本、朝鲜等国，代代相传，至今法脉不绝。

第二节 "开元三大士"与密宗

密宗是专指唐开元年间由善无畏、金刚智、不空等史称的"开元三大士"所建立的佛教宗派。在此之前，译传到中国的密法只是片段的杂部密教，其中杂咒居多，被称为杂密。真正形成有系统、有组织、纯正的密宗，应该说是"开元三大士"和他们的弟子努力弘传的结果。

关于善无畏、金刚智、不空等在印度的传承关系，多数来自传闻，可靠资料较少，因此这里仅介绍"开元三大士"来到中国后创立佛教密宗的传承法系。

一、善无畏

善无畏（637—735），中天竺人，甘露王的后裔，13 岁继承乌荼国王位。其兄长因不服而引起一场争夺王位之战。善无畏平乱之后，将王位让给兄长，告别家园，出家为僧。

唐开元四年（716），善无畏来到长安，先在兴福寺南院，后敕准移居西明寺。据说，开元初年，唐玄宗曾梦见一位气度不凡的僧人，因其形象特殊，就将其画在宫殿的墙壁上。与善无畏相见后，唐玄宗发现他竟如自己梦中所见，因此对他特别优待和尊崇。

最初，善无畏住在西明寺的菩提院，从事翻译经典的工作。善无畏将他翻译的第一部经书《虚空藏求闻持法》面呈玄宗，玄宗赞赏不已，下令将善无畏带来的所有梵本经卷全部放入宫中，由朝廷代为保存。这表明了玄宗对佛教的态度以及他对译经事业的大力支持。此后，善无畏以弟子一行为助手，翻译

善无畏画像

了《大日经》《苏悉地羯罗经》《苏婆呼童子经》等多部珍贵的密藏经典。其中，《大日经》是密教理论的主要体现者，也是密教胎藏部的根本经典；《苏悉地羯罗经》和《苏婆呼童子经》讲述的是咒术和作法的方式等。

开元二十三年（735），善无畏病逝，终年99岁。玄宗在哀悼之际，追封他为鸿胪卿。开元二十八年（740）十月三日，葬于洛阳龙门西山广化寺。

中国佛教密宗的创建，应始于善无畏入华传译的正纯密教。善无畏以弘传胎藏密法为主，所以密教的根本经典是《大日经》。其所传密教有完整的教义体系，事理兼备，三密并用。

善无畏入唐19年，主要在长安、洛阳两地的皇宫内外弘传密法。

在善无畏的众多弟子中，得灌顶授法者无数，但得到法脉传承的并不多。入唐后，一行拜他为师，求授胎藏持明密法，撰有《大日经疏》。善无畏还有入室弟子宝思、明思二人。这二人虽长期侍从善无畏，但没有关于他们传徒授法的记载。在众弟子中，一行最为著名，另外还有智俨、义林、玄超、不可思议、温古，以及俗家弟子李华、崔牧等人。

一行（673—727），俗姓张，名遂，原籍魏州昌乐（今河南南乐县西北、河北

大名县东北一带），太宗时功臣张公谨之曾孙，父擅，武功县令。一行自幼酷爱读书，20岁时博览经史，通达诸学，精通天文星象、阴阳五行之学。一行随侍善无畏多年，是善无畏的入室弟子，在译传密典的工作中担任笔受、缀文等职务。他是第一个对密典做出疏记，并进行全面研究和解释的中国僧人。他对密宗的创建和弘传起到了不可或缺的作用。

一行跟从善无畏学密法、译密典时撰写的20卷《大日经疏》，是中国僧人撰写的篇幅最大的密教著述，也是密教在中国正式传授的开始。同一时期，密宗的另一位创立者金刚智也入唐传法，一行又受其灌顶，受习金刚智所传的密法，成为金刚界密法的传人。若以法系

一行画像

来推，善无畏、金刚智首传纯密入中土，第一传的法嗣就是一行、不空等人。但遗憾的是，一行虽学贯胎藏界、金刚界两部，对密宗的创立颇有贡献，却再无传承，这也许与他奉诏研究天文历算不无关系。

开元十五年（727），一行不幸病逝。玄宗赐谥"大慧禅师"，并为他制作碑文，亲笔书写于石碑之上，诏令埋葬在铜人原，还从内库出钱五十万，为一行建塔。一行虽为佛门弟子，但若论其对中国文化的贡献，就不仅仅局限于对佛教密典的译传了。纵观他的辉煌业绩，他堪称中国文化史上的伟人。

智俨，西凉州（今属甘肃）人，译有《出生无边门陀罗尼经》。据说一行临终时，将他的《大日经疏》交付给智俨，由智俨整理而成。

义林，新罗人，从善无畏受法后，回到新罗弘扬密教，后传顺晓。顺晓又传日本求法僧最澄。最澄回国后，创立日本天台宗。

玄超，新罗人，住长安保寿寺。据海云《两部大法相承师资付法记》（以下简称《付法记》）载，玄超将胎藏、苏悉地诸法传授给惠果，因此他是善无畏弟子中唯一在唐传延法脉的人。

不可思议，新罗人，开元中期（726—735）在洛阳圣善寺从善无畏受法。他

著有《大毗卢遮那经供养次第法疏》两卷，详细记述了善无畏出家学法及作《大日经供养次第法》的传说。

温古，嵩岳沙门，师从善无畏，听受《大日经》，认为该经"深入实相，为众教之源尔"。温古的判教思想对后世影响很大。

李华，赵郡（今河北赵县）人，著名文士，官至监察御史、右补阙、吏部员外郎。从善无畏奉学密法数年，撰有《玄宗朝翻经三藏善无畏赠鸿胪卿行状》《大唐东都大圣善寺故中天竺国善无畏三藏和尚碑铭并序》。

崔牧，清河（今河北清河）人，官至太子内率府胄曹参军事，写有《大日经序》。

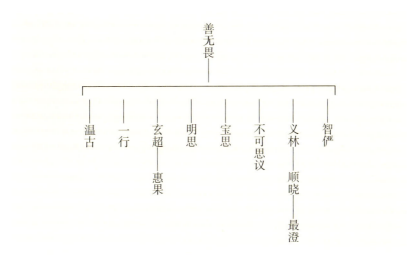

善无畏的法脉传承

二、金刚智

金刚智与善无畏是同一时代的天竺僧人，他们在天竺时是否相识，现今难以考证。但是，在那烂陀寺学习密法期间，二人都曾立下誓愿，要远赴中土弘扬密教。善无畏从西方来，走陆路，金刚智在广州上岸，走的是水路，二人于开元八年（720）在长安相遇。来到长安后，他们在弘扬密教的事业上珠联璧合、交相辉映，"互为阿阇梨"①。在密教在中国的流传及密宗的建立中，此二人缺一不可。

金刚智（669—741），南天竺人，婆罗门种姓。10岁就在那烂陀寺出家，28岁师从龙智上人。开元七年（719）到达广州，不久后经洛阳到达长安。在长安，

---

① 出自海云《两部大法相承师资付法记》。

先在大慈恩寺，后移居荐福寺。经常伴随玄宗往返于洛阳、长安两都之间。所住之刹，必建曼荼罗道场，受到僧侣信徒和王公士庶的崇拜。他以翻译经书、弘传金刚界密法为主，其根本经典是《金刚顶经》。传说金刚智曾奉旨作密法求雨抗旱，有神奇的效果。当时已师从善无畏受胎藏持明密法的一行，也来拜金刚智为师，求授金刚界密法。据《开元释教录》载，"沙门一行钦斯秘法，数就咨询，智一一指陈，复为立坛灌顶。一行敬受斯法，请译流通"。金刚智率徒积极传扬密教，使密法在长安和洛阳两京迅速传播。

开元二十九年（741）八月十五，金刚智在洛阳圆寂，葬于龙门。玄宗敕

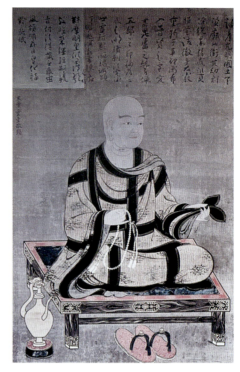

金刚智画像

赠"国师"称号。永泰元年（765），代宗追赠开府仪同三司，并赐号"大弘教三藏"。

金刚智在唐22年，"名扬中国，业善南天"，设坛灌顶，广度国众，朝野士庶皈依者不计其数。但是，得其法要、承其衣钵的只有一行、不空两个弟子。一行是唐代僧人中第一个受学纯密的汉人，虽然兼师善无畏、金刚智，受胎藏界、金刚界两部密法，并协助善无畏、金刚智进行译经和阐释密教理论，撰写《大日经疏》，但在法系上却没有再传弟子。这样，金刚智一系就只有不空一人传承了密宗衣钵。后来不空果然不负重托，光耀师门，于大兴善寺完成了佛教密宗的创建。金刚智虽弟子众多，嗣法者却很少，著名的有一行、不空、义福、慧超等人。

义福，禅宗神秀的弟子，法号"大智禅师"。据《宋高僧传》记载，义福于开元十一年（723）随驾东都，开元二十四年（736）卒，此间他一直跟随金刚智。

慧超，新罗人，开元初年游历西域、天竺诸地，开元十六年（728）抵达长安。撰有《往五天竺国传》。开元十八年（730）于荐福寺道场译经，后从不空受法。

在金刚智的众弟子中，唯一行与不空承其衣钵。一行门下无再传，而不空后来继承师业，光大门庭。

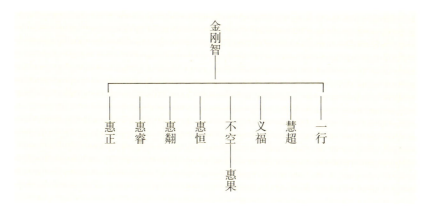

金刚智的法脉传承

三、不空

不空（705—774），北天竺人，婆罗门种姓。幼年丧父，随母亲至康居国舅父家生活。10岁时随舅父一家东迁至河西一带。开元八年（720），金刚智到长安后，不空慕名前去求见，并要求出家。金刚智教他《悉昙章》，念诵梵经。不空天资聪颖，"一闻无坠"，很快就掌握了梵经，不久落发剃度，得号"不空金刚"。20岁时在洛阳广福寺受具足戒。

在肃宗和代宗时期，不空于大兴善寺的翻经院内翻译了大量的密教经典。他历遇三朝，兼通梵语、汉语和中国传统文化，与鸠摩罗什、玄奘、义净并称为中国的四大译经家，在中国佛教史上有着重要的影响。

不空一生灌顶传法，传戒度僧，上至皇室贵族，下及士庶，拜他为师、请求灌顶者不计其数。他多次在长安、武威等地开设道场，普度众生，护国弘法，从其受法的弟子有上百人。但是，这些弟子大都

不空画像

是受法念诵僧，真正得到密法亲传的人很少。不空临终立有遗书一份，说明了他的法嗣："……吾当代灌顶三十余年，入坛授法弟子颇多。五部琢磨，成立八个，沦亡相次，唯有六人。其谁得之？则有金阁含光，新罗慧超，青龙慧果，崇福慧朗，保寿元皎、觉超。后学有疑，汝等开示，法灯不绝，以报吾恩。……"遗书中提到的"五部"是金刚界的佛部、金刚部、宝部、莲华部、羯磨部。得不空授此法的共有8人，当时除2人已去世，还有6人，即慧朗、含光、惠果（慧果）、元皎、觉超、慧超，史称"六哲"。其余弟子为惠胜、昙贞、李元琮、李宪诚、赵迁等。在这些弟子中，青龙寺惠果继承和发扬了密宗事业，并将不空的法脉传承延续下去。

慧朗，新罗人，居长安崇福寺。他是"六哲"中年龄最大的弟子，得受不空金刚界五部密法。不空去世以后，慧朗移居大兴善寺，在翻经院主持密宗教务。代宗对他十分重视，敕补他为大兴善寺上座，总领寺内事务，后派遣他前往五台山修功德。慧朗在崇福寺和大兴善寺有弟子多人，其中最著名的是天竺，时称天竺阿阇梨。

含光，天竺人，不空最早的弟子之一，开元二十九年（741），随不空前往狮子国求法，同受五部灌顶。后随不空辗转长安、韶州、河西等地，协助不空译经传法。安史之乱时，跟随皇太子北上，为留在长安的不空与肃宗之间传递消息。返回长安后，住在保寿寺，为该寺大德。永泰二年（766），奉敕到五台山检校督造金阁寺工程，历经5年，完成了浩大的金阁寺及六大供养处工程。从此以后，含光主持金阁寺，在五台山弘传密法。

惠果，京兆府万年县归明乡（在今西安市东）人，22岁时从善无畏弟子玄超在保寿寺受胎藏法和苏悉地法等密教诸法。拜于不空门下，受不空器重，得受金刚界法。从此，惠果一身兼持三部大法，被代、德、顺三朝奉为国师。惠果将密宗的胎藏界和金刚界的法脉融合在一起，使密宗法脉得以交织传承。

惠果一生谦恭无私，弘法授传弟子也很多，上至皇室权贵，下及庶民百姓，其弟子多达五六十人；近至两京、汴州、河北，远及朝鲜、日本及诃陵，密宗由此远传海内外。

元皎，《宋高僧传》称其为灵武人，以持诵应验而闻名，多在长生殿内道场持念。从不空受金刚界五部大法。后因患病，出内道场，回保寿寺为住持。

觉超，原为灵感寺僧，从不空受金刚界五部大法。随师入内道场，为长生殿念诵僧。后敕准回保寿寺，但仍保留长生殿沙门身份。

昙贞，青龙寺圣佛院僧，历经玄、肃、代、德四朝，长期在内道场持念，屡受宠遇。肃宗时，从不空受法。天宝十三载（754），惠果投其门下，受具足戒。

惠胜，不空当院弟子，从不空受学普贤念诵法。大历九年（774），不空奏请其为大兴善寺文殊阁道场诵僧。不空殁后，惠胜协助慧朗检校大兴善寺两道场、知院事，负责院内事务。

惠晓，西明寺僧，开元末、天宝初即奉事不空，并长期随侍左右，从受金刚界五部大法。至德二载（757），取得僧籍。代宗朝时随不空入内，常在延英、长生诸殿持念，并负责修功德活动。后奉敕与慧朗在五台山同修功德。

惠辨，不空最早的弟子之一，开元后期即侍从不空。开元二十九年（741）与师兄含光随不空前往狮子国求法，在普贤阿阇梨开设的十八会上受五部灌顶。

李元琮，虽俗处且兼便职，然长期随侍不空，得受五部大法，其地位与"六哲"相同，受不空器重。宝应元年（762）官至龙武军将军。大历年间以监修功德事备受代宗宠遇，授开府仪同三司高位，兼右龙武军将军，后又被封为知军事上柱国凉国公。除当京城诸寺观修功德使之职，掌管京城功德活动外，还总领天下修功德事。李元琮既为功德使，又为不空弟子，监护不空后事，择地造不空塔。他对佛教事业，尤其对密宗的发展起到了重要作用。

李宪诚，是不空重要的俗家弟子，从不空受普贤法，与代宗同尊。《代宗朝赠司空大辨正广智三藏和上表制集》载，"自大历三年（768）开始奉诏监护不空，凡宣旨奉进，大都由其担任"。他往来于代宗与不空之间，维系代宗与不空的关系，不空称其为"护法普贤"。不空之后，他仍宣旨奉进于代宗与密宗之间。官至内给事赐绯鱼袋上柱国。

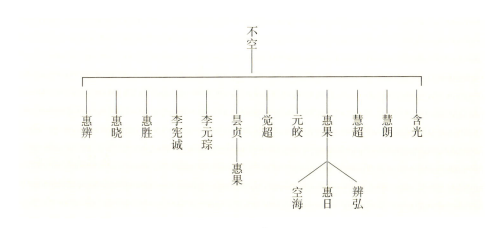

不空的法脉传承

第三节 密宗的根本道场

青龙寺是以弘传密法、广度僧众而蜚声中外的。青龙寺的一切修葺都是在密宗高僧惠果的主持下进行的。惠果精通金刚、胎藏两部大法,广收门徒,法系的传承远及海外。密宗在今天的日本仍然盛行,称为真言宗。

一、惠果生平

惠果(746—805),俗姓马,9岁时在青龙寺圣佛院拜昙贞为师。17岁时,由于昙贞应诏入内道场持念,师徒二人长期不能相见,惠果便又拜在大兴善寺不空的门下。不空很喜欢他,对他"视之如父,抚之如母,指其妙赜,教其密藏",惠果因而求得大佛顶、随求等真言。19岁时,又得不空授灌顶散花,得转法轮菩萨。不空预言道:"我于南天竺国散花得此尊,如今无异异于吾。后弘传总持大教,如我无异。"①

永泰元年(765),惠果20岁,昙贞依敕出内道场,在大慈恩寺置道场之际,请求为惠果等二童子剃度授戒,代宗皇帝准奏,并赐剃刀及衣钵。于是,惠果在大

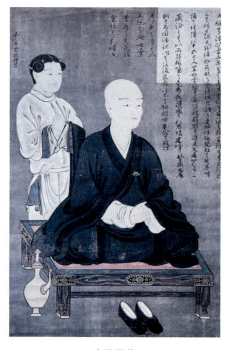

惠果画像

慈恩寺受戒,在青龙寺的大殿前剃染,并造籍隶名于青龙寺。22岁时,惠果向玄超求教,在保寿寺受胎藏法、苏悉地法等密法。不久,得受不空金刚界密法及传法阿阇梨位。25岁时,奉旨入长生殿持念,成为内道场的护法僧。自不空之后,惠果是第一位传法阿阇梨。

大历十年(775),代宗特敕在青龙寺另置一院,让惠果居住,这就是东塔

---

① 出自《大唐青龙寺三朝供奉大德行状》。

院。院中敕建毗卢遮那灌顶道场，准七僧持念。从此，青龙寺因为昙贞的圣佛院和惠果的东塔院而成为传播密宗的另一中心，闻名海内外。

惠果在大历后期，经常为皇室持念，备受代宗器重。大历十一年（776），代宗生病，惠果为他医治，疗效显著，代宗十分高兴，敕赐紫衣一对。惠果却不敢接受，因为先皇玄宗曾给他的老师不空赐紫衣，作为不空的弟子，惠果不敢接受与老师一样的礼物。代宗深受感动，认为有道理，就改赐褐衣一对，并称赞其品行高尚，"堪为国师"。据《大唐青龙寺三朝供奉大德行状》记载，华阳公主生病，惠果为其设坛作法，加持三日，公主病愈。后又犯，又加持，又好转，效果明显。为此，代宗赐惠果绢百匹、衣一对。

大历十年，代宗为表彰惠果在弘法传嗣、发展密宗及为国持念诸方面的贡献，特赐锦彩24匹。大历年间，惠果屡受恩赐，由皇室赐给的钱财物品共千余贯，惠果全都用于修塔，不为己有。大历十三年（778），代宗借口自己从不空所受的法门"多有废忘"，特请惠果为他重新授法，从此，惠果登上了长生殿内道场帝师之位。

大历十年，惠果检校青龙寺及大兴善寺两道场，并兼知翻经院事。第二年十二月奉敕巡视京城诸寺塔像，并负责洒扫。在代宗的赏识与支持下，惠果的活动范围往往超出其本院、本宗的范围。大历十三年，奏请前后两度巡视南台。据说在观音台持念，"夜久之间，大圣观音于大月轮中，现大身相，光明由（犹）如白日，祥云皎洁。同时数百千人，遥共瞻礼"①。

德宗初年，皇室曾一度排斥佛教，取消了由密宗主持的内道场。惠果在东塔院向来自诃陵、新罗等国的僧人和本院弟子传授密法。贞元五年（789），长安一带久旱无雨，并不热衷佛教的德宗敕令惠果在青龙寺大佛殿率七僧设坛祈雨。据载，持念至第七日晚，天降大雨，万物滋润。德宗大喜，赐予惠果等每人绢一束、茶十串，惠果等上表称谢。不久即迎奉法门寺真身舍利，惠果"奉敕于右卫龙迎真身入内"②。宫中的供养法事等一切活动，均由惠果及其弟子主持。这次迎奉真身舍利，更加密切了皇室与密宗的关系。德宗随即恢复了内道场，诏惠果率其弟子入内道场为国持念。70多天后，惠果才率其弟子回到青龙寺。

---

① 出自《大唐青龙寺三朝供奉大德行状》。
② 出自《大唐青龙寺三朝供奉大德行状》。

这之后，德宗又诏密宗僧人轮番到内道场持念作法，他本人也奉惠果为国师，入坛受灌顶。他的臣僚杜黄裳、韦执谊等也纷纷学持念、受灌顶。一时间学习密宗之风盛行。

惠果秉承金刚、胎藏两部密法，使二部法脉合并相融，创建了"金胎不二"的思想，成为不空法嗣中的佼佼者。海云在《付法记》中载，不空以法付嘱含光、慧朗、昙贞、觉超、惠果，昙贞与惠果同住青龙寺，虽得法要，昙贞却不传弟子，每有学法者来青龙寺，昙贞都曰："东塔院有惠果阿阇梨，善通教相，可于彼学。"由于昙贞同含光忙于在五台山建造金阁寺事宜，慧朗自不空圆寂后移居大兴善寺，负责掌管寺务，其他弟子忙于寺院与皇室贵族之间的应酬，均无暇传法，惠果便一人育英化度，教化甚广，上至朝廷权贵，下及庶民百姓，纷纷从他受法灌顶，称他为密宗大师。

唐顺宗永贞元年（805），惠果在青龙寺圆寂，享年60岁。弟子、道俗千余人将惠果安葬在孟村龙原大师塔的侧面，惠果的弟子日僧空海撰写了碑文。20年后，惠果的弟子义一、深达、义丹等将惠果移葬于浐河附近的表蔄村，并建塔纪念。

惠果一生不聚钱物，广修功德，被代、德、顺三朝奉为国师。

惠果一生除弘传密法外，还有如下创举：

1. "金胎合曼"两部大曼荼罗由惠果创绘；

2. 金刚界诸尊金刚名号由惠果命名；

3. 金刚界曼荼罗四大神为惠果所创；

4. 胎藏界曼荼罗原有四重院，惠果传空海之图，开四重院而始成十三院组织；

5. 《阿阇梨大曼荼罗灌顶仪轨》为惠果所撰；

6. 十八印契（即十八道法）由惠果开始授用；

7. 两部灌顶先胎后金之例由惠果所创；

8. 一人传承，具备金胎两部大法，即所谓"两部一具"，为惠果所传，惠果因此被誉为"两部一具"之祖。

惠果在青龙寺传法期间，中外名僧云集于此。这一时期，惠果的主要贡献是弘传两部大法。

二、密宗的主要经典和基本思想

佛教各大宗派都有本宗的主要经典，每个宗派所宗奉的经典各不相同，如天台宗的教义是依《法华经》而立，律宗律典以《四分律》最为盛行，三论宗的主要经典是《中论》《百论》《十二门论》，净土宗的主要经典有《无量寿经》《观无量寿经》《阿弥陀经》等。密宗的主要经典是"六经三论"。"六经"是：①《金刚顶经》（全称《金刚顶一切如来真实摄大乘现证大教王经》），3卷，不空译；②《大日经》（全称《大毗卢遮那成佛神变加持经》），7卷，善无畏译；③《金刚顶五秘密经》（全称《金刚顶瑜伽金刚萨埵五秘密修行念诵仪轨》），1卷，不空译；④《瑜祇经》（全称《金刚峰楼阁一切瑜伽瑜祇经》），1卷，金刚智译；⑤《圣位经》（全称《略述金刚顶瑜伽分别圣位修证法门经》），1卷，不空译；⑥《入楞伽经》，10卷，菩提流支译。"三论"是：①《菩提心论》（全称《金刚顶瑜伽中发阿耨多罗三藐三菩提心论》），1卷，不空译；②《释摩诃衍论》，10卷，筏提摩多译；③《大智度论》，100卷，鸠摩罗什译。

密宗的基本思想源于它的经典教义。密宗自称受法身佛大日如来深奥秘密教旨传授，为"真言"实教，所以也称"秘密宗"。佛教有显教、密教之分。在中国佛学中，显宗和密宗作为一对相应的概念被使用，大约始自鸠摩罗什所译的《大智度论》。其卷四说"佛法有二种，一秘密，二现示"。显宗是指释迦牟尼所说的种种经典，密宗是指大日如来直接传授的秘奥大法。显宗主张公开宣道弘法，教人悟道，修身近佛；密宗重视承传、真言密咒，主张通过修持即身成佛。显宗典籍主要是经、律、论；密宗经典除经、论、疏记三部分外，仪轨部中还有颂、赞、法、咒、仪轨、瑜伽、印契等等。显宗有行、住、坐、卧四种威仪；密宗除有这四种威仪外，还有"观想"。《坛经》说，学显宗，"若起正真般若观照，一刹那间，妄念俱灭。若识自性，一悟即至佛地"；而学密宗，必须有法师亲传，严格遵守仪轨及修习程序，且不外宣，都是秘密进行的。

密宗奉大日如来为主尊。大日如来的梵文全称是"摩诃毗卢遮那"，"摩诃"是"大"的意思，"毗卢遮那"为"日"的别名，因称"大日"。"毗卢遮那"又有光明遍照之义，"摩诃毗卢遮那"就是指大光明遍照，意译为"大日如来"。密宗认为，大日如来是宇宙的本体，世界万物是由地、水、火、风、空、识等"六大"构成，它们是大日如来的化身，是密法产生的本源。

密宗以《大日经》《金刚顶经》《苏悉地经》为根本经典，传授金刚界、胎藏界两部法门。"金刚"有坚固、利用两种意思。利用是指坚固的智慧，它可以摧毁一切烦恼，具有智、果、始觉、自证等义。因此金刚界是智差别的法门。"胎藏"有含藏、隐覆两种意思。含藏是说，理体具足一切功德，如母胎内含藏子体，莲花种子在花中。隐覆是说，理体隐藏在烦恼里而不显露，具有理、因、本觉、化他等义。因此胎藏界是理平等的法门。①金刚界、胎藏界摄宇宙万有，且皆具于众生心中，因而有"金胎为一""两部不二"之说。

按照密宗经典的教义，宇宙的一切均为法主大日如来的表现。

密宗认为，宇宙的全部活动是大日身密，所有的声音是口密，一切的精神活动是意密，合称"三密"。一切物质的、精神的活动都包括在这"三密"之中。据《大日经疏》卷一和空海《即身成佛义》载，众生如果按照教义内容，依法修"三密加持"，即手结印契（各种规定的手势）、口诵真言（咒语）、心中观想大日如来，就能使自己的身、口、意"三业"清净，与大日如来身、口、意相应，可即身成佛。修法时必须经阿阇梨传授，按仪轨的规定勤修苦练，才能达到成佛的目的。但是，首先要建造曼荼罗坛场，然后才能修法。

"曼荼罗"是梵语的音译，密宗图像之一，意译为"轮圆具足""聚集""坛场"等。它一般为圆形或方形，将佛、菩萨汇集其间：中央画本尊佛，本尊的四方、四院各画一菩萨，称为中院；中院周围画一二层菩萨或护法像，称为外院。曼荼罗可平面雕刻（浮雕）或绘画，也可有立体形式。曼荼罗的创作，必须严格遵守本尊经轨中所规定的仪则。如：依据《大日经》所绘的胎藏界曼荼罗和依据《金刚顶经》所绘的金刚界曼荼罗，名曰"普门曼荼罗"；以经典或真言咒（种子）为中心的曼荼罗，名曰"法曼荼罗"；以象征诸尊的器杖、刀剑、手印等为中心的曼荼罗，则称"三昧耶曼荼罗"。这些曼荼罗是密宗修法奉供时不可缺少的，也是密宗基本思想的具体表现。

三、密宗的传承

"开元三大士"创立密宗后，承担继续传播任务的是青龙寺惠果法师。

惠果在国内的嗣法弟子有剑南惟尚、河北义圆，他们均受金刚界法，据传学成后都回到本地传法。在京弟子中，当院僧义明得两部大法及阿阇梨位，任内供奉，继承了惠果的法位。当院弟子中受胎藏、苏悉地大法的有义满、义澄、义操、深达、法润等20余人，其中包括同学僧惠应、惠则，俗家弟子吴殷、杜黄裳、韦执谊等。得金刚界阿阇梨位的有14人。得胎藏界及苏悉地法阿阇梨位的有12人。在唐诸弟子中，主要有义操和法润广演法理，光大门庭。

---

① 出自《法门寺地宫唐密曼荼罗之研究》。

义操，青龙寺东塔院僧，从惠果受三部大法及悉昙法。历经数朝，被尊为国师，任内供奉，集有《胎藏金刚教法名号》2卷，译有《西方陀罗尼藏中金刚族阿蜜哩多军荼利法》1卷，后者后被圆仁传入日本，在天台宗中流传。从空海的诗"同法同门喜遇深，空随白雾忽归岑。一生一别难再见，非梦思中数数寻"中可以看出义操与空海友谊甚深。

据海云《付法记》记载，义操传付胎藏界法，并得阿阇梨位的有当院同学僧义真、景公寺僧深达、净住寺僧海云、崇福寺僧大遇、醴泉寺僧文苑等5人；义操传付金刚界法，并得阿阇梨位的有当院同学僧法润、义贞、义舟、义圆，景公寺僧深达，净住寺僧海云，崇福寺僧大遇，醴泉寺僧从贺、文苑，会昌寺新罗僧均亮，当院僧常坚，玄法寺僧智深、法全，弟子僧文秘等14人。其中，法润、义真、法全后来也传付弟子，延续法脉。

海云，在净住寺作《略叙金刚界大教王经师资相承付法次第记》1卷，在五台山大华严寺作《略叙大毗卢遮那成佛神变加持经大教相承付法次第记》1卷及《金胎两界师资相承图》《金胎两界血脉图》，以密宗的传承法脉为依据，详细地介绍了两部大法的内容，是珍贵的密宗传承史料。前两部著作合称《两部大法相承师资付法记》。

法润，原为惠果弟子，后转从义操受法，是密宗的杰出人物。据圆仁《入唐求法巡礼行记》载，圆仁在资圣寺听净土院僧怀庆说"青龙寺（法）润和尚但解胎藏，深得一业，城中皆许好手"。开成五年（840），圆仁派弟子惟正与怀庆同去青龙寺拜见法润，得知"法润和尚解金刚界，年七十三，风疾老耄"①。据海云《付法记》载，法润传胎藏法于净法寺僧道升，玄法寺僧惟谨、法全。

惟谨是内道场持念僧，从玄法寺移住惠日寺和净影寺，并在净影寺北经院设内道场传法。惟谨有四部著作见录：《胎藏仪轨》（3卷）、《大毗卢遮那经阿阇梨真实智品中阿阇梨住阿字观门》（1卷）、《大日如来成佛经释中略出世间六月持明禁戒念诵仪轨》（1卷）、《大随求八印法》（1卷）。

法全，玄法寺僧，从义操受金刚界法，从法润受胎藏界法及苏悉地法，并将金刚界法与胎藏界法二系法脉合一。法全是密宗第五代中的支柱人物，历经德宗、顺宗、宪宗、穆宗、敬宗、文宗、武宗、宣宗、懿宗数朝，曾为长生殿持念大德。开成年间为玄法寺座主。会昌元年（841），日本求法僧圆仁从其受

---

① 出自圆仁《入唐求法巡礼行记》。

《胎藏大仪轨》3卷、《别尊法》3卷及《胎藏手契》等。圆仁《入唐求法巡礼行记》中有"玄法寺法全和尚深解三部大法""玄法寺法全座主解三部大法"等记载。大中初年，法全移住青龙寺。大中九年（855），日本入唐求法僧圆珍、圆载从法全受法。咸通六年（865），日本真如法亲王及日本僧宗睿也从法全受法。在青龙寺期间，法全集有《大毗卢遮那成佛神变加持经莲华胎藏菩提幢标帜普通真言藏广大成就瑜伽》3卷，简称《青龙寺仪轨》。又集《建立曼荼罗护摩仪轨》1卷、《供养护世八天法》1卷，并有描图《金刚界三昧耶曼荼罗》1卷。

法全的付法弟子很多，据海云《付法记》可知，得两部大法的有安国寺敬友、永寿寺文懿、永保寺智满、青龙寺弘悦，俗居士有郭茂炫，外籍僧人有新罗僧人弘印，日本僧人圆仁、圆珍等5人。授大慈恩寺造玄胎藏法，造玄有《胎金两界血脉》所示：法全授金刚界法者6人，授胎藏界法者8人。在此不一一陈述。

义真，从同学僧义操受两部大法，为青龙寺灌顶教主、内供奉。空海弟子圆行、惠运先后于青龙寺从义真受两部大法及阿阇梨灌顶位。

惟尚（惟上），惠果门下杰出弟子之一，据说后来在四川成都一带设坛传法。有关惟尚事迹的记载很少，在空海《大唐神都青龙寺故三朝国师灌顶阿阇梨惠果和尚之碑》中有关于"剑南惟上"的记载，说他求法"钦风振锡，渴法负笈"。惟尚在后来的史料中未见记载，只有"或有在京传法，或有在外方弘教"之说。据四川安岳、大足石窟以及地方志史料记载，唐宣宗大中年间（847—859），成都及川西一带密宗盛行，形成了具有地区特色的密宗传承系统，安岳、大足等地的造像、刻经等，多数为密宗内容。当时著名的传法师是柳本尊，柳本尊的佛法来自密宗金刚界，其门徒赵智风称其传承始祖为金刚智、不空。柳本尊与惟尚所在时代相去不远，极有可能是承袭了惟尚的佛法。四川广元、安岳、大足一带还留存着许多密宗造像与刻经石窟，其规模宏伟，雕刻精湛，具有极高的艺术价值。从那些造像中可以看出，晚唐时期密宗仍在四川一带传播，而且规模宏大，嗣法者众多。

从惠果学法的外国僧人有诃陵国的辨弘，新罗国的惠日、悟真，日本国的空海。

辨弘，在汴州（今河南开封）设坛传法，曾入内道场充任内供奉，《圆仁录》中载有"大唐内供奉辨弘阿阇梨"。咸通三年（862），日本僧宗睿至汴州，从汴州坛场主持玄庆阿阇梨受金刚界法，玄庆即为辨弘的付法弟子。

全雅,辨弘的另一个弟子,于扬州开元寺嵩山院弘密。开成四年(839),日本僧圆仁至开元寺从他受法。圆仁在《入唐求法巡礼行记》中说:"此全(雅)和尚现有胎藏金刚两部曼荼罗,兼解作坛法。"

新罗僧惠日,建中二年(781)入唐,从惠果受胎藏界、金刚界及苏悉地等法,并诸尊瑜伽三十本,后回国广弘密法。

新罗僧悟真,与惠日同时入唐,从惠果受胎藏界法及诸尊持念密法。贞元五年(789)前往中印度求取《大日经》梵夹等诸经卷,取道吐蕃时身亡。

日本僧空海,贞元二十年(804)入唐,在青龙寺从惠果得两部大法及诸尊瑜伽。元和元年(806)回国,在日本建立了真言宗,法系不绝,传承至今。这是中日佛教文化史上的一段佳话。

唐代密宗盛传海外,青龙寺功不可没。

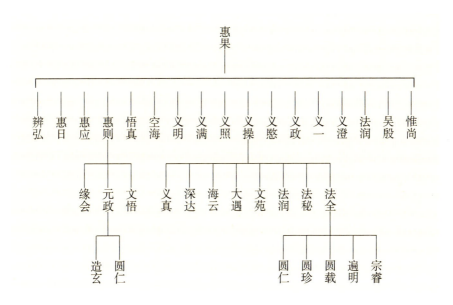

惠果的法脉传承

第三章　青龙寺与中日交流

唐代是中日文化交流最频繁的时期。以佛教为载体，中国的先进文化源源不断地通过遣唐使传向日本，极大地促进了日本社会经济和文化的发展。

唐代佛教传播得到了唐太宗、唐高宗、武则天等统治者的支持，呈现出前朝后代不可比拟的隆盛景象。在官府的支持下，许多国内一流的思想家都集中到佛学界，各种不同的宗派先后建立，并通过师徒延续的法嗣制度，将本宗的理论学说流传下来，如隋代建立的三论宗、天台宗，唐代建立的法相宗、律宗、华严宗、净土宗、禅宗和密宗。如此发达的佛教文化，吸引着周边国家和地区的僧侣，形成了汉传佛教文化圈。

日本自古以来受中国影响比较大，随着佛教文化交流，两国的关系有了新的发展。

第一节　"入唐八家"

"入唐八家"是日本派遣到大唐的 8 位学僧——最澄、空海、常晓、圆行、圆仁、惠运、圆珍、宗睿。他们受日本官府的派遣，长期在中国学习，回国后对本国的宗教和文化建设做出了巨大的贡献。

隋代，日本的有识之士由于遣隋使而一度接触到优秀的中国文化，并对此赞叹不已。他们对中国文化的向往和渴求，至唐代达到高潮。日本在长达 264 年的时间里，前后向中国派出了 19 次遣唐使（包括 3 次送唐客使、1 次迎入唐使和2次任命了却未成行的遣唐使)。随遣唐使入华的人员中有不少留学僧。这些留学僧一方面学习佛教经典义理,另一方面也学习中国的先进文化,成为中日友好交流的使者。

入唐求法的日本僧人又分为学问僧和请益僧。学问僧一般是打算长期留学、志在深造的。而请益僧则是带着问题来请教解答的,停留的时间较短。日本在奈良时代,对唐文化的了解程度较浅,几乎需要从头学起。另外,除了遣唐使团的船队之外,没有其他船只可供往返。这样,留学僧在唐的时间往往长达10年或20年不等。进入平安时代以后,随着对唐文化的大量吸收和积累,留学僧的学习年限大为缩短,一般是一两年,最长也很少超过5年。留学时间之所以缩短,一方面是因为日本和唐朝之间船只往来频繁,交通比以前方便,另一方面是因为随着日本对唐文化的积累,日本在经济和文化等各个方面具备了一定的实力,只需在某些方面加以补充和完善即可。因此,这时期的留学有了明确的针对性。他们对入唐后拜见哪位高僧、具体请教什么问题,大体都已预先确定。所以,尽管留学的时间缩短了,他们的收获仍颇为丰富。

所谓请益僧,是指已经从师受教,有相当基础,专就某些疑义或问题等还要进一步深造的僧人,相当于如今的进修生或访问学者。还学僧大致相当于请益僧,只不过是与遣唐使同去同归而已。

一、圆行和圆仁

"入唐八家"中除最澄、常晓因故未能到长安外,其余6人均到过长安的密宗道场青龙寺拜师求法、潜心研密。密宗东传并流传至今,与他们的努力是分不开的。

圆行(799—852),日本山城国(今日本京都)左京人。11岁受业,16岁剃发得度,17岁受具足戒,25岁从空海受学两部大法。后从杲邻入坛灌顶,据传其声彩悠畅,付法称首。长庆四年(824)九月,被纳入高雄山寺定额僧20人之中。开成二年(837)正月,被真言宗领袖实慧派遣入唐求法,未能成行。第二年六月,与常晓等入唐。圆行因有真言宗使者的身份,且携带书信等物,被敕准随使入长安,受到唐文宗欢迎,也受到青龙寺座主义真的热情款待,被安置在东塔院。

到青龙寺后,圆行首先向惠果墓礼谒供养,以表遗法弟子之礼。又将实慧等八大德的书信奉上,并报知空海入定的消息。在唐期间,圆行拜义真座主为师，决疑两部大法及诸真言密法。于闰正月二日受阿阇梨灌顶，得三密秘奥，任左街功德使、僧录和尚，供奉大德、金刚门徒等纷纷前来致喜。与此同时，圆行又依敕答辩诸大德问难，主持者是左街僧录三教讲论大德体虚，参加者有青龙寺内供奉讲论大德圆镜、保寿寺内供奉临坛大德光辨、招福寺内供奉大德齐亮、章敬寺内供奉大德弘辨、兴唐寺内供奉讲论大德光颢、云花寺内供奉讲论大德海岸等6人。他由于与诸大德论义问难时对答如流，深受赞赏，被奏请敕任内供奉讲论大德，敕准并赐法服、绿绫、供具等。圆行是"入唐八家"中唯一在唐受封内供奉讲论大德的人，这与他真言宗使者的身份不无关系。

开成四年（839）十二月，圆行辞别回国。临行前，青龙寺及诸密宗大德向圆行赠送惠果遗物。圆行回国后，敕准创建山城国北山灵岩寺，故后被称为灵岩寺开山祖。又创建播磨大山寺，传播密教。大中六年（852）三月六日圆寂。

圆仁（793—864），俗姓壬生，日本下野国（今日本栃木县）都贺郡人。15岁时进入比睿山，拜在最澄门下。20岁剃染，受灌顶法。21岁于东大寺受具足戒。日本承和五年（838），圆仁以请益僧的身份随日本第18次遣唐使藤原常嗣入唐求法，在扬州府海陵县（今江苏泰州）靠岸，入住扬州开元寺。圆仁请求前往天台山、五台山问法，因故未获准许，于是搭乘遣唐使船回国。在海上遭遇大风，随船漂泊到登州（今山东烟台蓬莱区）。唐开成五年（840），北上五台山，师从天台宗高僧志远、文鉴，受学《摩诃止观》《法华玄义》等。

圆仁巡礼圣迹后，于同年八月西往长安，住在资圣寺。在拜访大兴善寺后，从翻经院的元政受金刚界灌顶，并图写金刚界曼荼罗等。此间又拜访密宗寺院青龙寺，得知"青龙寺（法）润和尚但解胎藏，深得一业，城中皆许好手"，"青龙寺义真和尚兼两部"。[1]唐会昌元年（841）四月，圆仁慕名来到青龙寺，拜谒义真座主，"始受胎藏毗卢遮那经大法兼苏悉地大法"，"便于敕置本命灌顶道场受灌顶抛花"[2]，还认真研读了未曾见过的新译经典。翌年二月，从玄法寺法全受胎藏法。五月间，又师从青龙寺的南天竺僧人宝月，"重学《悉昙》，亲口受正音"[3]及仪轨等。在长安期间，还师从醴泉寺宗颖学习天台止观。会昌五年

---

[1] 出自《入唐求法巡礼行记》。
[2] 出自《入唐求法巡礼行记》。
[3] 出自《入唐求法巡礼行记》。

（845）毁寺驱僧时，被迫回国。

圆仁回国后，受到天皇的重视。日本承和十五年（848）六月，被授大法师位。第二年五月，依敕在延历寺开灌顶大法会，千余人入坛受灌顶。奏请敕准仿青龙寺建立内道场。日本仁寿四年（854）被敕封为延历寺座主，这是日本"座主"之称的开端。他曾为文德、清和两天皇授菩萨戒。在皇族和群臣百官中，师从圆仁受戒者多达150余人。圆仁在比睿山的总持院、定心院、常行三昧院、法华三昧院等处广建塔、堂，设置天台大师供养，发起舍利会等法会，使最澄开创的事业得到了大发展。日本贞观六年（864）圆仁去世，清和天皇赐其"慈觉大师"谥号。

二、惠运和圆珍

惠运（798—869），俗姓安昙，日本山城国人。10岁出家，随东大寺泰基及药师寺中继习大乘经及法相宗教义。18岁受具足戒，投实慧门下。日本天长二年（825），在东寺受两部大法，之后奉命赴坂东续写《大藏经》。后任镇西府观世音讲师，兼筑前国讲师及九国、三岛僧统。

唐会昌二年（842），惠运入唐求法，在温州乐城县（今浙江乐清）登陆，不久后到长安，在青龙寺拜座主义真受学秘密真言，随后入灌顶坛，禀受两部大法。后礼拜荐福寺、大兴善寺等长安诸寺，又巡礼五台山、天台山诸佛教圣地。会昌六年（846）回国。

惠运回国后，将带回的五大虚空藏菩萨的五体尊像供奉于东寺观音院。奉仁明天皇之命建安祥寺，为山城安祥寺的开山祖。日本贞观三年（861），为东大寺大佛开眼供养导师。日本贞观十一年（869）九月十三日圆寂。

圆珍（815—891），日本佛教天台宗第五代座主，俗姓和气，日本赞岐国（今日本香川县）多度郡人，空海的侄孙。15岁时入比睿山，投义真门下学习显密经论。20岁落发受戒。日本承和十三年（846），被推荐为延历寺真言宗的学头。翌年正月，参加太极殿的吉祥法会，在与南都奈良律师明诠的辩论中将对方驳倒，一时誉满朝野，敕入定心院十禅师。

日本仁寿三年（853），圆珍乘唐商船入唐求法，因遭遇海风，漂泊至琉球，后到福州，住开元寺。在那里他跟从中天竺僧人般恒罗学习梵文，得诸部经疏及密教道具。唐大中八年（854）又参拜天台山，跟从当时著名的学僧物外学习天台教义。大中九年（855）七月，圆珍经洛阳到长安，在青龙寺与圆载一起师从法全学密宗，受两部大法，并受阿阇梨位及灌顶。后又到大兴善寺，就师于智慧轮，受两部密旨，得到新译经及诸部仪轨。大中十二年（858）回国。

圆珍回国后，奏准弘扬真言、天台二教。日本贞观元年（859），在近江园城寺创建唐院，将带回的经论章疏、真言道具、曼荼罗、杂碑铭文等收藏于此。日本贞观十年（868）六月，敕任延历寺座主，又赐近江园城寺为传法灌顶道场，圆珍由此成为日本天台宗的开山祖师。日本元庆元年（877），敕命为御前讲师、仁寿殿讲主。日本宽平二年（890）十二月，任少僧都。翌年十月二十九日圆寂。日本延长五年（927），醍醐天皇赐其"智证大师"谥号。

三、宗睿、圆载和真如法亲王

宗睿（809—884），俗姓池上，日本山城国左京人。14岁出家，日本天长八年（831）受具足戒，投广冈寺义滨门下学习法相宗。又从比睿山义真座主学天台教法，受菩萨戒。后师从圆珍，受两部大法。又投实慧门下，受学金刚界密法，从真绍得阿阇梨位灌顶。日本贞观四年（862）随真如法亲王入唐求法，朝拜五台山、天台山圣迹，在大华严寺举行千僧斋供。

到长安后，在青龙寺拜法全为师，受胎藏界法灌顶，得秘密奥旨。在青龙寺拜师求法期间，又向大兴善寺智慧轮、大慈恩寺造玄受学密法。离开青龙寺后，又赶赴洛阳，从圣善寺善无畏的旧院门人那里得到了善无畏所传宝杵及梵夹经轨。唐咸通六年（865）十一月回国。

宗睿回国后深受天皇宠信，敕准于东寺开灌顶道场。日本贞观十一年（869）正月任权律师，日本贞观十六年（874）升少僧都兼东大寺别当，又为天皇授金刚界瑜伽法及观自在菩萨真言法。日本元庆三年（879）任东寺长者，兼理法务，并补任僧正。第二年三月，在圆觉寺为清和天皇剃度，授三昧耶戒及两部大法。此后随上皇巡礼圣迹，敕任东寺、东大寺、延历寺僧正，位尊一时。日本元庆八年（884）于禅林寺圆寂。

圆载（？—877），幼年入比睿山从最澄学梵文，兼习儒学。日本承和五年（838）率弟子仁好、顺昌、仁济随遣唐使藤原常嗣入唐求法。自扬州至天台山，巡礼国清寺，将有关天台宗的50个疑问提交广修、维蠲二高僧求教（日本佛教称这种做法为"唐决"），得到解答。圆载在唐颇受朝人敬重，唐宣宗特诏请他入宫讲经，并赐紫袍。唐大中七年（853）圆珍入唐，带来仁明天皇嘉祥三年

（850）的敕牒，表彰圆载，并赐其"传灯大师"称号。唐大中九年（855），圆载与圆珍一起在青龙寺从法全受两部大法，得密教典籍、法器等。

乾符四年（877），圆载回国。归国途中，因船破身卒。圆载在唐40年，如果回国途中不发生意外，他所带回的经典及他的贡献将远远超过"入唐八家"。圆载是唯一一位在生前获得大师称号的名僧。

真如法亲王即高岳亲王，原是阳成天皇的皇子，曾被立为皇太子，后在宫廷斗争中被废。他以"真如"为法号，出家为僧，成为"法亲王"，曾受教于空海等高僧。日本贞观四年（862）九月初，63岁的真如法亲王和他的众多从僧，搭乘大唐商船到达明州（今浙江宁波）。唐咸通五年（864）经洛阳到达长安。唐懿宗特命青龙寺高僧法全负责解答法亲王的问题。双方探讨问题长达7个月，法亲王的问题未能得到完全解答。于是，法亲王决定亲往印度求法。唐咸通六年（865）二月，他自广州出发，此后音讯断绝，传说死于途中的罗越（今新加坡，一说是今老挝）。

以上日本僧人在唐期间，皆到过青龙寺求教密宗的奥秘与真谛。青龙寺的名僧大德们继承惠果的遗风，以热情友好、真诚传教的态度对待他们，师徒间建立了深厚的情谊。日本僧众对此非常感激，至今忆念不忘。

第二节　弘法大师空海

平安时代的日本，正处于由奴隶社会向封建社会过渡的阶段。当时处于日本西方的唐王朝文化发达，经济强盛，佛教信仰非常流行。这一时期，日本学问僧空海入唐求法，并将汉传的密宗传入日本，创立了日本真言宗。空海不但对日本佛教的发展做出了贡献，在中日文化交流和日本文化的发展上也有不可磨灭的功绩。时至今日，真言宗仍是日本佛教最有影响的宗派之一。

一、空海生平及在唐事迹

空海（774—835），密号"遍照金刚"，通称"弘法大师"。俗姓佐伯，母姓阿刀，幼名真鱼，日本赞岐国多度郡人。童年时的真鱼，天资聪颖，五六岁就被邻里称为"神童"，从小受佛教文化熏陶，常随舅父出入附近的善通寺。15岁时跟随担任伊予亲王侍讲的舅父阿刀大足学习《论语》《孝经》和汉文、史传等。18岁进京入大学寮明经道，学《毛诗》《尚书》《左氏春秋》等中国文学，兼习辞章，系统地学习儒家经典，接受中国文化，博览经史子集，早蕴才华。当时日本在京城设有大学寮，地方设国学，科目有明经道（原称"本科"，学儒家经著）、算道、书道等，都是专门培养官吏的机构。空海在读书时就对佛教产生了兴趣，著有《聋瞽指归》。据说他曾从僧人受《虚空藏求闻持法》①，并相信"诵此真言一百万遍，即得一切教法文义暗记"。

空海未等大学结业，就离开了良好的生活环境，游历各地，在深山密林修各种苦行和"忏悔"。他到过阿波的大泷岳、土

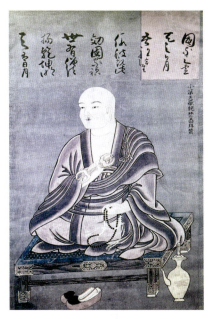

空海画像

佐的室户崎，"尝于名山绝巘之前，石壁孤岸之奥，超然独往，淹留苦练。严冬深雪，著葛衲而显露行道；盛夏酷暑，绝谷粒而日夜忏悔"②。空海20岁时，从槙尾山石渊寺（在今奈良县境内）的僧人勤操出家③，初法名教海，又改名如海。两年后，在东大寺戒坛院受具足戒，改名空海。自此，他潜心佛学，广博经书。20岁时，著《三教指归》3卷，仿《子虚赋》《上林赋》的体例，阐述了他的个人观点。据说他在大和久米寺东塔下发现了一部《大日经》。《大日经》系唐朝传来，由善无畏译著的密教主要经典，他在研读时，对其中的许多梵字真言、印契等弄不明白，向周围人请教也得不到解答，于是他下决心入唐求法，深研佛学。

日本延历二十三年（804），空海奉敕随日本第17次遣唐使船队入唐留学。当时遣唐使大使为藤原葛野麻吕，副使为石川道益，判官为菅原清公、高阶远成等。空海与大使乘第一艘船舶，于七月六日从肥前国松浦郡田浦出海，在海上遇到飓风，漂流34天，于八月十日到福州长溪县海口（今福建霞浦北）登

---

① 善无畏译，属密教经典。
② 出自《弘法大师全集》卷一《大师御行状集记》。
③ 出自《元亨释书》卷一《空海传》。

陆。①十月，空海被允许随大使一同入京。十一月三日，从福州出发，途经杭州、苏州、洛阳，十二月二十三日到达长安。

空海到达长安后，与遣唐使们一同宿居于长安朱雀门街东的宣阳坊官舍。次年二月，大使藤原葛野麻吕等回国，空海奉敕移居西明寺。空海在长安期间，遍游古寺，寻访名师，偶然在大兴善寺听得惠果"德惟时尊，道则帝师，三朝尊之受灌顶，四众仰之学密藏"②。于是，与西明寺志明、谈胜法师等五六人前往青龙寺东塔院拜见惠果，并投惠果门下，奉献贡物，求授密法。唐永贞元年（805）六月，空海入灌顶坛，受胎藏法。七月又受金刚界灌顶，并跟惠果学习密教典籍和修行仪轨、方法等。八月受传法阿阇梨位灌顶，并得两部曼荼罗及道具等法物。惠果圆寂后，空海又拜谒醴泉寺般若三藏和牟尼室利三藏，从其受新译佛经及密法。日本大同元年（806）八月，空海与留学生桔逸势搭乘遣唐使判官高阶远成的船回国。

空海回到日本后，先暂住在筑紫的观世音寺，着手进行创宗立派的准备工作。根据带回的经论章疏及法器目录编制"请来目录表"和奏表，托咐高阶远成进京献给平城天皇。

第二年，空海奉敕进京，向天皇献上经论、法器，并获准传布密教。从此以后，空海积极从事传教活动，密宗迅速发展。空海在大和久米寺首次讲述《大日经疏》，这标志着日本真言宗的成立。③日本弘仁元年（810）七月，嵯峨天皇诏令诸宗论义。空海作《即身成佛义》参加大会，挫败了其他宗派，因此声名大振。

空海弘传真言宗的成功与嵯峨天皇的支持是分不开的。

嵯峨天皇即位不久，就发生了"药子之变"。原来深受平城天皇宠信的藤原药子与其兄藤原仲成，密谋迎接平城上皇复位，后因事情败露受到镇压。此事平息不久，空海上表奏请在高雄山寺为国讲修《仁王般若经》《守护国界主陀罗尼经》等，祈祷"摧灭七难"（《仁王般若经》中称日月失度、星宿失度、火、水、风、旱、贼为"七难"），称此经可调和四时，护国护家，"安己安他"④，

---

① 出自木宫泰彦《日中文化交流史》。
② 出自《续真言宗全书》。
③ 出自杨曾文《日本佛教史》。
④ 出自《遍照发挥性灵集》。

惠果（左）与空海（右）雕像

若信奉并念诵此经，七难可消，国泰民安。空海因而受到天皇的赏识，被任命为东大寺别当。从此，他在东大寺建灌顶道场，专为国家修息灾增益法。又为平城上皇授三昧耶戒灌顶，并把真言宗传布到奈良六宗的所在地奈良。天皇多次诏请空海出入宫廷，为国举行求雨、禳灾的法事。日本弘仁七年（816），空海上表，奏请以纪伊的高野山作为真言宗传法、修禅的道场，天皇敕准。于是在这方圆七里的范围内建造修行道场金刚峰寺，金刚峰寺也成为日本真言宗的重要传教基地。

日本弘仁十四年（823）正月，嵯峨天皇把位于京都的皇家寺院东寺赐给空海，用作真言宗的根本道场。空海把从唐朝带回的曼荼罗、佛舍利、梵字真言、法事道具等都存放在这座寺院里。东寺在堂舍结构、佛像造立、年中行事、僧众威仪等方面，皆以青龙寺为模式。还以青龙寺为例，将东寺称为"教王护国寺"。空海创立的日本真言宗以东寺为传法中心，所以被称为"东密"。同年，空海在冷泉院为嵯峨天皇及皇后授金刚界灌顶。第二年，奉敕在神泉苑设坛求雨，诵求雨经灵验，得到淳和天皇嘉奖，被赐予少僧都之职。日本天长三年（826），在高野山慈尊院开创仁王会，不久升任大僧都之职。日本天长七年（830），淳和天皇敕三论、法相、律、密、华严、天台六宗大德进奉本宗教旨，空海将《十住心论》进上，阐明显教与密教的深浅、优劣之别，认为真言宗第一，华严宗第二，天台宗第三，三论宗第四，法相宗第五，律宗第六，希望能得到天皇、贵族对真言宗的支持。对奈良六宗，空海采取兼收并蓄的态度，首先以东大寺为基地，在奈良宣传真言宗，其次在人事交往上努力与其他宗派高僧搞好关系。在他的《十住心论》中，虽以真言宗为最高，但又认为其他宗派中皆包含密教深义。采取这样的态度可以减少论敌，有利于真言宗的传播。①

日本承和元年（834），空海奏请以唐长安内道场为例，在宫中建立真言院，每年一月八日至十四日在宫中举行祈祷天皇安康、国家太平的"后七日"修法会（佛教寺庙里的一种祈祷法会），天皇准奏。第二年，天皇敕准真言宗按照佛教其他宗派之例，每年度三人出家，学习真言教法。从此，真言宗作为一个独立的教派活跃于日本佛教界。

日本承和二年（835）三月二十一日，空海圆寂。日本天安元年（857）十月被追赠大僧正。日本贞观六年（864）被赠号法印大和尚。日本延喜二十一年（921）醍醐天皇追赐其谥号"弘法大师"。

二、空海自唐带回日本的物品

空海自唐带回日本的经论章疏，合计216部，461卷；新译经等142部，240卷；梵文真言赞等42部，44卷；论疏章32部，170卷；胎藏界、金刚界等曼荼罗、祖师影像等10幅；真言道具9种；惠果付嘱物13种。关于这些物品，有三点要说明：

1. 在新译经中，有118部150卷都是不空的新译本，其他24部90卷都是未传到日本的新译本。空海将自唐玄宗时期起，历经肃宗、代宗时期由不空译完的密藏大部分都传到日本，使日本佛教得到发展。

2. 空海对带回的梵文真言赞特意做了说明。在《御请来目录》中，空海对带回的梵文42部44卷做了说明："释教者也本乎印度。西域东垂，风范天隔。言语异楚夏之韵，文字非篆隶之体。是故待彼翻译，乃酌清风。然犹真言幽邃，字字义深，随音改义，赊切易谬，粗得仿佛，不得清切。不是梵字，长短难别。

---

① 出自杨曾文《日本佛教史》。

存源之意其在兹乎。"①将那些难以看懂的梵文做了大致的介绍。

3. 惠果付嘱物有：

佛舍利 80 粒（金色舍利 1 粒）；

刻白檀佛菩萨金刚等像 1 龛；

白碟金刚界三昧耶曼荼罗 120 尊；

金铜钵子 1 具 2 口；

五宝三昧耶金刚 1 口；

牙床子 1 口；

白螺贝 1 口。

以上 7 种物件是金刚智阿阇梨从南天竺国持来，转付广智阿阇梨，广智阿阇梨又转与青龙寺阿阇梨，青龙寺阿阇梨又转赠空海，因而它们是传法的印信。

其他还有健陀縠子袈裟 1 领、碧琉璃供养碗 2 口、琥珀供养碗 1 口、白琉璃供养碗 1 口、绀琉璃箸 1 具。此 5 种物件亦是青龙寺阿阇梨所付。

空海带回的道具有：

五宝钴铃 1 口；

五宝五钴金刚杵 1 口；

五宝三摩耶杵 1 口；

五宝独钴金刚杵 1 口；

五宝羯磨金刚 4 口；

五宝轮 1 口；

五宝金刚橛 4 口；

金花银阏伽盏 4 口；

金铜盘子 1 口。

这 9 种道具为供奉铸博士杨忠信、赵吴所造。另有梵夹 3 口及金刚子，均是青龙寺阿阇梨所赠。②这些中国文物保存于日本，很多至今仍完好无损，成为研究中日文化史的珍贵资料。

---

① 出自木宫泰彦《日中文化交流史》。
② 出自《弘法大师御传》。

第三节　空海与唐风东传

空海在唐期间，遍访名寺，礼拜高僧，求得密教经典章疏，并精通了密宗义理。同时，他还广泛搜集唐朝的文学、书法、工艺、美术、医学和建筑等方面的古今名本，带回日本，精心研读。通过空海的传播，先进的大唐文化更加深入地传播到了日本。

一、对日本文学艺术的贡献

空海在唐留学期间，除认真钻研佛学外，还学习梵文，研读唐诗等文学作品，苦练书法技能，搜集有关文学、医学、天文学、工艺、美术、建筑等方面的古今名本，甚至学习酿造、烹饪之技，可以说无所不学。他将所学知识、所得典籍带回日本，对推动日本文学艺术等领域的发展起到了积极作用。

空海在青龙寺曾师从昙贞法师学习梵文。昙贞是不空的弟子，住青龙寺圣佛院。同时，空海又求教于般若三藏。般若三藏是罽宾国人，少年出家，曾游历印度，后来华传法。空海回国时，他将所译经卷及梵夹等法物相赠，并说："今欲乘桴东海无缘，志愿不遂。我所译《新华严》《六波罗蜜经》及斯梵夹，将去供养，伏愿结缘彼国，拨济元元。"①殷殷期许溢于言表。空海牢记尊师的嘱咐，带回梵字真言仪轨典籍42部44卷。空海撰写了《梵字悉昙字母并释义》《大悉昙章》等著作，为悉昙（梵文）学在日本的传播奠定了基础。悉昙学的兴盛，推动了日本音韵学的发展。日语五十音的排列，想必是在悉昙学的影响下完成的。②

在9世纪以前，日本人已经能正确地使用汉语，以汉字为音符的"万叶假名"为日本文字的创造开辟了道路。奈良末期至平安前期，先后产生了片假名和平假名。在日本民间，流传着有关日本文字产生的传说："继吉备真备取汉字楷书体偏旁创造片假名之后，空海取汉字草书体创造了平假名，从此，日本有了自己的标音文字。"这种说法虽难以考证，但也说明了空海对日本文字的形成

---

① 参见守山氏《弘法大师传》。
② 出自木宫泰彦《日中文化交流史》。

空海从长安请回日本的法器

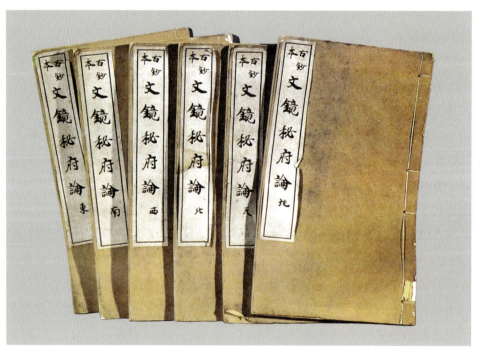

空海的著作《文镜秘府论》

有着特殊贡献。空海编写的30卷的《篆隶万象名义》是日本史上第一部汉语字典，对于日本人学习汉语起到了重要作用。

《伊吕波歌》(《いろは歌》)据说也是空海所作。全文由47个字母组成，全部用平假名书写。例如："い"字是"以"的草体（在日文中楷体写作"イ"，是取"伊"字的偏旁而作的），音"伊"；"ろ"字是"吕"字的草体，音"啰"；"は"字是"波"字的草体，音"哈"。因为这首歌开头的三个字是"いろは"，所以称作《いろは歌》。它的歌词是佛家的偈语，汉语译文是："色虽香无奈已散，人间世谁能常在？三界深山今已越，浅梦将醒亦不醉。"①这首歌自日本平安时代至昭和初期广为流传，为人们所喜闻乐见。它的应用范围很广，常用作字典部首或排列顺序。同时，它还具有与我国《千字文》相似的启蒙作用，是一首妇孺皆知的日本古代诗歌。

空海在日本被称为"书道宗师"。他在唐留学期间，"从解书先生②学书"，在西明寺得到二王拓本及欧、虞墨迹，终日以指空书，潜心临摹。空海的书法艺术早在青年时代就已达到相当高的水平。加之在唐得益于高手亲传，又接触到当时流传的历代书法家手迹，博采晋唐诸名家之长，字体强韧雄劲、变化自如，尤善草书，人称"草圣"。在日本，空海与嵯峨天皇、橘逸势被称为"日本三笔"。唐代诗人胡伯崇在《赠释空海歌》中这样评价他："天假吾师多伎术，就中草圣最狂逸。"嵯峨天皇也曾写诗称赞他："绝妙艺能不可测，二王殁后此僧生。"在日本民间一直流传着这样的谚语："弘法不择笔"，就是善书者不择笔的意思；"弘法也有笔误"，就是智者千虑，必有一失的意思。空海的书法不仅深受日本大众的崇敬，在中国也为人们所欣赏，被列为书法名家杰作，载入史籍，如我国明代著名书法家董其昌编的《戏鸿堂法帖》中就刊有他的墨迹。至今在日本东寺里保存完好的有他的《风信帖》。

空海留传至今的作品有《临孙过庭书谱》《临急就章》《大和州益田池碑》《上狸毛笔表》《真言七祖赞》《聋瞽指归》《三十帖策子》《金刚经开题》《大日经开题》等，为世人所称道。如今"唐书道"在日本已形成了具有日本民族风

---

① 参见叶喆民《中日书法艺术的交流》中的注释。
② "解书先生"指的是韩方明，他是唐代书法家，著有《授笔要说》一书。该书说他的书法是从晋王羲之、王献之以来，经隋智永，唐虞世南、欧阳询、陆柬之、张旭以至颜真卿、徐浩等一脉传授下来的，他受学于徐浩之子徐璹和清河崔邈。

格的书法，成为人们喜爱的一种艺术形式。书法家和书法教师举办的"书塾""书法教室"多达 10 万个左右，"全日本书道联盟"中拥有相当造诣的书法家达数万人。①

空海在唐时，曾对中国的汉唐诗赋、语言文字等进行过认真研究，回国后著有《文镜秘府论》。全书分为天、地、东、南、西、北六卷，卷一论音韵，卷二论体势，卷三论对偶，卷四论文意，卷五论文病，卷六论对属，②是一部研究中国古代诗歌规律的名著，也是研究汉魏到隋唐这一历史时期中国文学作品修辞的指南，既对日本诗人把握唐诗的形式和技巧起到了指导作用，也对日本民族诗歌理论的形成产生了积极的影响。空海在书中引用的中国诗歌论著如今多数已失传，所以这部著作对研究中国文学史也有重要的参考价值，可以说是中日两国共同的文化遗产。

二、创立真言宗

密宗的主要经典是《大日经》和《金刚顶经》。空海入唐前，《大日经》已传入日本。在空海从唐长安带回的密宗经典中，最重要的是不空新译的《金刚顶经》3 卷和一行所著的《大日经疏》20 卷。空海以这些密教经典和青龙寺惠果口头所传授的为根据，创立了日本真言宗。他的佛教著作虽然是以介绍中国密教经典为主要内容，但有创新的概括论证，使之更加条理化，且提出了判教理论，因此被认为是日本真言宗教义体系的基本依据。

关于密教的传承世系，空海在他的《真言付法传》中是这样列叙的：大日如来—金刚萨埵—龙猛（龙树）—龙智—金刚智—不空—惠果。除以上密教七祖外，对善无畏及其弟子也做了介绍。可以说，空海实际是以继惠果之后的密宗第八祖自居的。佛教宗派历来重视传承法系，《真言付法传》这部著作有助于确立空海在日本真言宗中教祖的地位。

空海以后的真言宗在教理（教相）方面并无多大发展，而在修行仪轨、仪式（事相）方面却日益繁杂，形成了许多派系。空海一生有很多弟子，比较出名的，被誉为十大弟子的是实慧、真雅、真济、道雄、圆明、真如、杲邻、泰范、智泉、忠延。实慧主持东寺，每年春秋两季在灌顶院内设灌顶道场。真雅

---

① 参见《各国手册丛书·日本》。
② 出自潘重规《文镜秘府论研究发凡》。

主持东大寺真言院及弘福寺，真雅的弟子真然主持金刚峰寺。真济主持神护寺。这些高僧都身怀密法，德学兼优，为世人所尊崇。

但是，真言宗在发展的同时，内部也因事相之由产生了门户之见，以至形成了许多门派系统。

实慧系在 10 世纪时出了宽朝（916—998）。宽朝于嵯峨的广泽建遍照寺传法。他的传承法系是实慧—益信—宽朝，被称为"广泽流"。

真雅系统到 11 世纪出了仁海（955—1046）。仁海于山城国的小野建曼荼罗寺。他的传承法系是真雅—圣宝—仁海，被称为"小野流"。

广泽流和小野流这两大流派后来各分成 6 个小流派，统称"野泽十二流"。

真言宗的教理和多样化的佛教信仰，也渗透到日本神道、哲学、文学以及艺术等各种形式之中，在皇室贵族中广为流传，对一般民众也有较为广泛的影响。日本真言宗得以法脉兴隆、枝繁叶茂，空海以其创业之绩功不可没。

空海从中国带回的书籍、佛典中以密教典籍居多，这对真言宗的兴起作用很大。日本平安时代以后的日本留学僧，由于学习期限短，没有充足的时间阅读书籍，因而普遍盛行大批求经、买书、模制佛像佛具的风气。如空海在青龙寺师从惠果学密法时，请供奉丹青（宫廷画师）李真临摹两界大曼荼罗及祖师影等 10 幅，另雇 20 余名经生抄写《金刚顶经》等密教经典，一并带回日本。日本平安时代的佛教美术，在画风上借鉴并吸收了唐代绘画的风格，使佛教美术的内容由显教转入密教，出现了不少白描图像。如京都高雄山寺的金刚界曼荼罗、东寺的胎藏界曼荼罗都是 9 世纪密宗佛画的代表作。许多寺院的绘画，大都仿密宗佛画。如高野山智证大师的《赤不动尊》、圆成寺僧空光的《黄不动尊》、和歌山的《五大力吼像》等画，怒目注视，威猛慑人，强烈的色调、凹凸的画法，承袭了中晚唐的佛画风格，对日本美术产生了一定的影响。

空海回国后，先在高雄山寺为国修法，祈祷福佑。日本弘仁七年（816）在高野山建立金刚峰寺。日本弘仁十四年（823），嵯峨天皇将平安京中的官寺授予空海，并赐寺名为教王护国寺。在这里，空海按照青龙寺的仪轨设立道场，举办国泰民安、五谷丰登、消灾免难的祈祷法会。空海及其弟子建造的东寺讲堂和金刚峰寺金堂的许多佛像，都是密宗雕刻、造像中的代表作品。

密宗的造像，在形象上具有鲜明的特征。首先，佛像着菩萨装、戴宝冠、璎珞，完全不同于传统的佛教形象风格，以宝冠取代了顶髻。其次，菩萨像展现出多首多臂形象，表情丰富，喜怒哀乐现于面孔。多臂有四臂、八臂至千臂不等。造像多执器杖、珠宝、花卉等，手势多结物印，种类多而复杂，不同佛像结不同的手印。造像大都以曼荼罗的形式组合，佛、弟子的排列组合有着严格规定。造像背景一般为菩提树，枝叶交错，特点明显，呈现出不同的纹饰图案。空海将绘画、雕刻、铸造等工艺与真言宗造像融为一体，形成一种独特的风格。

青龙寺东塔院的建筑采用凹形布局，这种布局现在在中国已经很少见到，但在日本留存较多。如日本著名的瑰宝建筑平等院凤凰堂周围的建筑群布局、京都的法胜寺、鸟羽的胜光明院、平泉的毛越寺和无量光院等都是如此布局。日本的佛寺亭院、园林建筑大都是仿唐风格，这虽不能说是由空海一手操作而成，但与空海的影响是分不开的。空海在唐期间，曾图写青龙寺殿堂、佛塔等形制，并将其传入日本。日本现存的许多真言宗建筑，虽为重建晚修，但基座仍为原建筑结构，平面布置仍可作为研究依据。日本现存的真言宗殿堂有金刚峰寺金堂、室生寺灌顶堂、教王护国寺灌顶堂、仁和寺金堂、观心寺本堂、东大寺本堂等，其中最有代表性的是室生寺灌顶堂。

室生寺灌顶堂由空海开创，具有典型的密宗殿堂特点。与青龙寺早期的殿堂相同，都是5间方殿，内外堂分隔，内堂主要用于灌顶、仪轨修法。建筑形式上仍保留唐代建筑的风格，如房顶上仍使用鸱尾、脊头瓦、人字栱、斗子蜀柱等建筑构件。

日本奈良时代的寺院，基本上都是以中国的建筑为模式，将主要建筑物并列在一条直线上，左右对称，均匀配置，地面铺砖，木材涂丹，墙壁涂灰泥，房顶盖瓦，屋脊上饰鸱尾等。而平安朝兴盛的山岳佛教，使日本寺院的建筑形式大为改变，形成了平安时代佛教寺院的一大特色。

空海在日本弘仁七年（816）六月十九日请求赐予高野山的奏章中说，日本在高山深岭中没有良好的修行道场，他深以为憾，请准许将寺院建在深山之中。[①] 这种在山上修建寺院的做法，可能是效仿五台山或天台山的前例，也不排除受青龙寺的影响。青龙寺虽划在唐长安城范围内，但它建在地势高敞、树木茂盛、清静幽雅的乐游原之巅，既可以避开城市的喧嚣，也便于严守戒律，专心修行。但是，自从在高野山修建寺院起，其布局就不再是左右对称、均匀配置，而是随着深山幽谷的自然起伏灵活设置，使堂塔殿庑与自然风景融为一体，再环以回廊，地面铺板，在漫长的使用过程中，逐渐形成了日式寺院建筑风格。

---

① 出自《朝野群载》。

青龙寺遗址北门

三、传播茶文化

茶文化是中国传统文化的一种,兴于唐,盛于宋。它作为唐文化的一个重要组成部分,随着其他唐文化的东渡,在日本也得到了迅速传播。从开始饮茶到饮茶成为一种风尚,遣唐僧做出了极为重要的引进和传播工作。

最早介绍中国茶文化的日本文献是《空海奉献表》。这是日本弘仁五年(814)空海向天皇呈交的在唐留学汇报,其中有关于饮茶的经历:"观练余暇,时学印度之文;茶汤坐来,乍阅振旦之书。"[1]这是"茶"字首次出现在日本文字当中。而将中国茶种带回日本,并播种于日本大地上的是"入唐八家"之一的最澄。他将茶种播种于日吉神社的旁边,使这里成为日本最早的茶园[2](如今在京都比睿

---

[1] 出自空海《御请来目录》。
[2] 出自《日吉神道秘密记》。

山的东侧还立有日吉茶园之碑）。可以想见，在空海修建的金刚峰寺和最澄修建的延历寺中，茶汤供养大概也成为宗教活动的某些规范和准则，这两座寺院自然也被认为是茶文化的传播中心。

茶之所以能在日本快速传播，其中一个重要原因是得到了当时嵯峨天皇的支持。《日本后纪·嵯峨天皇弘仁六年四月》条："癸亥，幸近江国滋贺韩畸，便过崇福寺，大僧都永忠、护命法师等，率僧奉迎于门外，皇帝降舆，升堂礼佛，更过梵释寺，停舆赋诗，皇太弟及群臣奉和者众，大僧都永忠手自煎茶奉御，施御被，即御船泛湖，国司奏其风俗歌舞，五位以上并掾以上赐衣被，史生以下郡司以下赐帛有差。"永忠和尚在中国学习了约30年（777—805），这期间大部分时间居住在西明寺。该寺院是唐朝设立的接待日本留学生的接待站，从其近些年的考古发掘所出土的遗物看，当时寺内饮茶之风非常兴盛。因此，身为大僧都又精通茶道的永忠和尚，理应亲自为嵯峨天皇烹茶。此后不久，天皇命畿内及近江、播磨等国种植茶叶，并要求每年进贡。从此，茶道作为一种文化被宫廷接受，同时也出现在日本诗歌中。嵯峨天皇也喜欢以茶为题与僧人和诗，如与空海的唱和茶诗有《与海公饮茶送归山》："道俗相分经数年，今秋晤语亦良缘。香茶酌罢日云暮，稽首伤离望云烟。"从中不难看出饮茶在当时已成为一种礼节时尚，它不仅保持了唐代茶文化的风貌，也"突出了寺院气息和文人的情趣"①。可以说，唐代茶文化在日本的流传，得益于嵯峨天皇的倡导及佛教僧人的传播。在日本，空海被誉为"载茶始祖"。

四、进行平民教育与兴修水利

回到日本后，空海回想起唐长安城内"坊坊置闾塾，普教童稚；县县开乡学，广导青衿。是故才子满城，艺士盈国"，文化气氛十分浓郁，于是积极筹备，决心开办一所学校。日本天长五年（828），空海在京都创立了综艺种智院，聘请僧俗教师，讲授佛学及儒道知识。这所学校面向普通民众，无论道俗皆可入学受教。②这是日本第一所面向普通百姓开办的综合性技能学校，为日本发展平民教育开辟了途径。

---

① 出自《日本后纪·嵯峨天皇弘仁六年五月》。
② 出自《续性灵集补阙抄》卷十《综艺种智院式并序》。

空海还在家乡赞岐从事开凿万农池的工程，这是一项利国利民、造福子孙后代的大工程。在他的主持下，该工程进展顺利。工程竣工后，家乡父老感恩不尽，称赞道："大师筑堤蓄水，田亩无炎旱之愁，民黎有丰稔之庆。"[①]

---

① 出自《高野大师御广传》。

第四章　青龙寺与唐长安民俗文化

唐代的长安,不仅是全国的政治中心,也是一座开放包容的国际都市。外来文化和中国的本土文化在这里的宽松氛围中相互渗透、融合,从而使长安的民俗文化也呈现出和谐而又绚丽多彩的景象。以青龙寺为中心的乐游原地区,远离皇宫大内,其特有的环境和地理位置吸引了无数市民百姓。

第一节　登高祓禊①

青龙寺坐落在乐游原的东部,身居"九五贵位,不欲常人居之"②。"寺好因岗势"③,这座密宗寺院因乐游原而更具神秘色彩。

一、乐游原景区鸟瞰

在唐代,乐游原位于长安城的东南隅。它东接延兴门,北对兴庆宫,南有高耸入云的大雁塔、充满生机的杏园,近在原下的曲江池水碧波荡漾,芙蓉园内荷红藕香,这一切交相辉映,构成了一个以乐游原为中心的风景游览区。

延兴门位于唐长安城的东面。据《唐两京城坊考》载,东面三门为北通化

---

① 祓:古代一种除灾求福的祭祀。禊:古代于春秋两季在水边举行的一种祭礼。
② 出自《唐会要》。
③ 出自《全唐诗》卷五一四朱庆馀《题青龙寺》。

西安曲江池

门、中春明门、南延兴门。延兴门在唐长安城东郭城的最南面,在今西安南郊铁炉庙村东南方向。

兴庆宫是长安城的三大宫殿之一,在乐游原的北面,因在兴庆坊而得名。兴庆宫本来是唐玄宗做临淄王时的王府。开元二年(714)唐玄宗闻听兴庆坊内的水池是"龙池",曾有黄龙出水,于是将兴庆坊全部改建为皇宫。兴庆宫是唐玄宗政治重心的所在地,也是他及其爱妃杨玉环长期居住的地方。唐玄宗把政治重心从大明宫迁移到兴庆宫,和这里距长安城东南隅的风景区距离较近有着密切关系。

大雁塔在大慈恩寺内。大慈恩寺位于晋昌坊东半部,寺内古树参天,竹林森邃,琼宇精舍,复殿重阁,规模相当宏大。玄奘法师在这里传法度人,翻译梵文经典,创立了佛教法相宗。大雁塔气势宏伟,巍峨壮观。每年新进士及第,必来此登塔,吟诗作赋,即所谓"雁塔题名",这逐渐成为长安城的一大景观。

通善坊的杏园因遍植杏树而得名。每当春天杏花开放时,长安人多来此赏花游览。杏园门前车水马龙,川流不息。诗人姚合有《杏园》一诗:"江头数顷杏花开,车马争先尽此来。欲待无人连夜看,黄昏树树满尘埃。"[①]每年新进士及第

---

① 出自《全唐诗》卷五〇二。

之后，都要在杏园举行"探花宴"，选出"两街探花使"，即进士中的两个年轻人，在曲江沿岸采摘名花。杏园宴会上还邀请歌伎前来助兴。才子佳人相聚，自然盛况空前，这精彩的场面令诗人们兴奋不已。刘沧在《及第后宴曲江》中说："及第新春选胜游，杏园初宴曲江头。紫毫粉壁题仙籍，柳色箫声拂御楼。"①"探花宴"是长安城中一大盛事，士人庶子争相观看。

曲江池位于长安城最南端，与乐游原南北相望。它一半在城里，一半在城外，是一个因为长期积水而形成的天然湖泊。它南北长，东西短，且堤岸蜿蜒曲折，所以被称为"曲江"。曲江一带在秦代称隑州，并被划入宜春苑，成为皇家园林的一部分。汉承秦制，在曲江建行宫宜春下苑，因其水波浩渺、池岸曲折，故称曲江。隋建大兴城时，特将此处修整为风景区。唐玄宗时，又对这里进行了大规模的改造，开凿了黄渠，将终南山大峪口的河水向北引入曲江池内，使水域扩大至 70 万平方米。同时又沿曲江池畔进行扩建营修。于是，曲江沿岸行宫彩楼延绵，花卉绿荫环绕，景色十分迷人。诗人卢纶在《曲江春望》中说："菖蒲翻叶柳交枝，暗上莲舟鸟不知。更到无花最深处，玉楼金殿影参差。"②曲江池的景色令许多文人雅士诗兴大发，写下无数赞美诗篇。

芙蓉园在曲江池的东部，本名曲江池园。隋代初，"文帝恶其名曲，改名芙蓉"③，这是因为曲江池中荷花茂盛。唐开元年间，玄宗在芙蓉园内增修了彩霞亭、紫云楼等建筑，令园内景象更加豪华气派。正如诗人宋之问《春日芙蓉园侍宴应制》中所说："芙蓉秦地沼，卢橘汉家园。谷转斜盘径，川回曲抱原。风来花自舞，春入鸟能言。"④"烟气笼青阁，流文荡画桥。飞花随蝶舞，艳曲伴莺娇。"⑤唐玄宗常常到芙蓉园里散心，为了不受干扰，还特意修筑了从兴庆宫到芙蓉园的夹城御道。夹城的南端开有便门，称"新开门"，这个地名至今仍保留着，并有新开门村。杜甫《乐游园歌》中写道："青春波浪芙蓉园，白日雷霆夹城仗。"⑥就是对这一景致的描写。而芙蓉园是专为皇室修的御园，没有皇帝

---

① 出自《全唐诗》卷五八六。
② 出自《全唐诗》卷二七九。
③ 出自《雍录·唐曲江》。
④ 出自《全唐诗》卷五二。
⑤ 出自《全唐诗》卷五二。
⑥ 出自《全唐诗》卷二〇六。

宣诏，王公大臣是不得随意出入的。杜甫的诗句"苑外江头坐不归""城上春云覆苑墙"，就说明了芙蓉园有围墙与外界隔离。

正是曲江池水的蜿蜒曲折、曲江池岸的花红柳绿，才衬托出乐游古原的辽阔沧桑、高大雄伟。乐游原地区以其自然风光，为长安人提供了一个观赏自然、品味人生的好去处。

唐长安城中公共园林很多，有休祥坊的奉明园、金城坊的后园与庋园、昌明坊的家令寺园、昌乐坊的官园、永宁坊的永宁园池、升平坊的东宫药园等10多处。这些园林都是人工造景，虽然景色各具特色，但长安人却不愿只在城坊庭园的造景中品味山光水色，更向往在宽敞、开放的大自然中放松身心，抒发情怀。唐代人们出行大多是骑马或乘坐马车，想到远处的山林中游玩不大方便。于是人们就把乐游原作为踏青游赏、野餐郊游的首选佳地。这是因为站在乐游原上，南可远眺终南山峰，北可遥望渭水河畔，长安城景色尽收眼底，曲江池美景触手可及，人们不用出城就能在乐游原领略到大自然的景色。因此，每逢时令佳节，"幄幕云布，车马填塞"，到乐游原踏青赏景、登高远眺的人络绎不绝。

二、唐代的时令佳节

从农历的正月初一至岁末，有10多个节日，如元旦、元宵、中和、上巳、寒食、清明、端午、七夕、中秋、重阳、腊八、除夕等。这些节日大都是祖辈世代流传下来的。唐代，节日的某些细节有所改变，更具有时代特征。在以上诸多节日里，中和、上巳、重阳颇受重视，为唐代三大节日。

农历二月一日为中和节。《中庸》对"中和"一词是这样解释的："喜怒哀乐之未发，谓之中；发而皆中节，谓之和。"中和节是从正月晦日改为二月朔日的，这是为什么呢？据《旧唐书》记载，德宗以前，每逢上巳、重九日，朝廷都要大宴百官，但不巧的是，寒食节多与上巳同日，民间在寒食节这天有禁火、冷食的习俗，因而李泌建议取"风调雨顺、国泰民安"的意思，废正月晦日，立二月朔日为中和节。于是德宗下诏，改二月朔日为中和节。每年中和节这天，"令百官进农书，司农献稬穄①之种，王公戚里上春服，士庶以刀尺相问遗"②。

---

① 稬：先种后熟的谷类。穄：后种先熟的谷物。
② 出自《旧唐书》。

而所进农书"大抵泛陈大要……虚论多而实事少",并无多少实质性的陈述。皇帝对此也只是略加表示,只希望大家重视农事,"体恤民艰"而已。皇帝在当天大宴臣僚,这个宴会是皇帝提醒诸位春节已过完,该收心工作了,同时也希望在新的一年里农业有好收成,人们生活有好开端。是日人们以生谷果实互相赠送,务求新巧。宴会结束后,皇帝还赐缗钱,就是用绳索穿成串的铜钱,每串为一贯,每贯为一千文。穿戴一新的朝臣们高高兴兴地赴宴并领取赏钱,朝廷上下一派喜气洋洋。

农历三月三日为上巳节,这是一个古老的节日,自周、秦、汉沿袭至唐。相传上巳这天,古人多在水边举行祓禊祭礼,以消灾求福,祈求上苍保佑家人平安,所以唐代人也非常重视这个节日。上巳节时,最热闹的地方就是曲江池。皇帝在这里宴请百官,池中备有装扮艳丽的彩舟,专供宰相、翰林学士等高级官僚乘舟游赏。皇帝也率领嫔妃登上芙蓉园的紫云楼,垂帘观景。长安城的达官显贵、公子王孙、夫人小姐,乘着宝马香车,带着仆人随从、美酒佳肴,赶往城南这个美丽的风景区。据载,当日在曲江池畔,游人熙来攘往,热闹非常。祓禊只是人们外出游赏的原因之一。三月已春暖花开,风和日丽,人们怎能无视春的娇媚呢?曲江池边,乐游原上,踏青赏景、郊游野餐的人遍及山寺园亭。树林中身着鲜艳衣裙的姑娘们荡起秋千,不时传来欢快的笑声。草地上野餐的人们点起柴火,浓郁的酒香随风飘溢。

士人学子又有不同的赏春方式。他们来到乐游原上,饮酒作诗,抒发春日愁思。李商隐《乐游原》说:"春梦乱不记,春原登已重。青门弄烟柳,紫阁舞云松。拂砚轻冰散,开尊绿酎浓。无惊托诗遣,吟罢更无惊。"[1]李商隐站在乐游原上,望着曲江池畔的热闹场面,并没有因而高兴起来,反倒"吟罢更无惊"了。刘得仁《乐游原春望》写道:"乐游原上望,望尽帝都春。始觉繁华地,应无不醉人。云开双阙丽,柳映九衢新。爱此频来往,多闲逐此身。"[2]描述了盛唐"繁华地,应无不醉人"的场景。而张说的《恩赐乐游园宴》则将其受恩宠的心情表达了出来:"汉苑佳游地,轩庭近侍臣。共持荣幸日,来赏艳阳春。馔玉颁王筐,拟金下帝钧。池台草色遍,宫观柳条新。花绶光连榻,朱颜畅饮醇。

---

[1] 出自《全唐诗》卷五四〇。
[2] 出自《全唐诗》卷五四四。

圣朝多乐事，天意每随人。"①春风得意，溢于言表。

如今，我们在乐游原上再也找不到唐代人举行祓禊仪式的水了，但是据文献记载，唐代乐游原上确有进行祓禊的地方。《白孔六帖》卷七中就有这样的记载："（太平）公主作观池乐游原，以为盛集。既败，赐宁、申、岐、薛四王，都人岁祓禊其地。"由此得知，当时的乐游原上是有水的，也有消灾求福的祭典仪式，这也成为人们登高远眺之外的又一活动内容。

农历九月九日是重阳节，因为月、日都逢九，古人以九为阳数，所以称"重阳""重九"。唐代长安人有重九登高、佩茱萸、饮菊花酒、食饵并授新衣等习俗。《荆楚岁时记》："九月九日……佩茱萸，食饵，饮菊花酒，云令人长寿。""九月九日，四民并籍野饮宴。……九月九日宴会，未知起于何代，然自汉至宋未改。"据说重九登高起源于汉代。相传东汉汝南人费长房曾从卖药壶公入山修道，后汝南人桓景又从费长房求道。一天，费长房对桓景说："九月九日，汝南当有大灾厄。急令家人缝囊，盛茱萸系臂上，登山饮菊花酒，此祸可消。"于是桓景火速赶回家中，如师所嘱，举家登山避灾。晚上，他们从山上回到家里，只见鸡、犬、牛、羊全部暴死。费长房闻知此事后说："是它们代替你们受过了。"从此，每年重阳这一天，登高避灾便成为民间习俗流传下来。

唐代的重阳节颇受重视，但在形式上较以前有所变化。人们已不必到远处的山上去躲避灾难，而是就近选择一处高地邀朋聚友，欣赏秋日景色。重阳节这天，长安人喜欢去的地方之一就是乐游原，在那里登高畅游，观赏秋景。当时的乐游原上树木成林，翠竹连绵，红的是柿树，黄的是银杏，草地上野花斑斓，彩蝶追逐。人们三三两两漫步在这如诗如画的景色当中。爱美的姑娘们采集野花做成花冠戴在头上，更显得妩媚靓丽。年轻的少妇们采摘菊花，准备带回家中酿酒，以备来年重阳节时再到乐游原上享用。放风筝的孩子们欢快地奔跑着，手中的风筝迎风高飞，令观看的老人们笑得合不拢嘴。席地而坐的人们围成圆圈，吃着自家制作的糕饼，把家酿的菊花酒高擎过头，祝朋友节日快乐，愿远方的亲人无恙安康。乐游原成为长安人重阳节登高赏秋、遥寄祝福的最佳场所。

乐游原的秋色也令长安城的诗人们着迷。白居易住在新昌坊，常常到乐游原上赏景，有《立秋日登乐游园》："独行独语曲江头，回马迟迟上乐游。萧飒

---

① 出自《全唐诗》卷八八。

凉风与衰鬓，谁教计会一时秋。"①李商隐多次到这里，写出了乐游原的春与秋："万树蝉鸣隔岸虹，乐游原上有西风。羲和自趁虞泉宿，不放斜阳更向东。"②李白在《忆秦娥》中借秦地女子来表达自己的失意和幽怨之情："……乐游原上清秋节，咸阳古道音尘绝。音尘绝，西风残照，汉家陵阙。"③杜牧在即将离开长安到吴兴任刺史之时，来到乐游原上，写下了《将赴吴兴登乐游原一绝》："清时有味是无能，闲爱孤云静爱僧。欲把一麾江海去，乐游原上望昭陵。"④杜牧诗中提到的"僧"，应该是借喻。乐游原上的密宗寺院青龙寺，是吸引长安人登上乐游原游赏的另一个重要原因。

三、密法与消灾

密宗源自古印度密教，唐开元年间传入中国。它的创立者善无畏、金刚智、不空均来自古印度。密宗能够在中国迅速地发展、传播，与唐代的社会、文化背景是分不开的。

外来的僧人与中国本土僧人在文化修养上有一定的差别。唐代的中国本土僧人大多来自农耕人家，祖祖辈辈面朝黄土背朝天，有文化的和尚也多局限于对四书五经等儒家文化的了解。受客观条件的限制，走出国门，到异域学习、取经者不多，如玄奘等。而印度僧人则不然，他们自幼学习"十二章"，识文断字，之后又学习"五明"，具备天文、医学等方面的知识和技能，从异国他乡辗转来到中国的经历，更使他们见多识广，眼界大开，能力大于大唐本土僧人，颇具神秘感。

密宗的兴起与安史之乱是有着直接关系的。天宝十四载（755）七月，不空应诏入朝，敕住大兴善寺。不久，长安失守，玄宗逃往四川，皇太子拥兵北上，在灵武建号称帝，是为唐肃宗。这期间不空"常密使人问道，奉表起居，又频论克复之策。肃宗皇帝亦频密谋使者到大师处，求秘密法，并定收京之日"⑤，为肃宗登上皇位、收复长安出谋划策，忠心效力。

---

① 出自《全唐诗》卷四四二。
② 出自《全唐诗》卷五四〇。
③ 出自《全唐诗》卷八九〇。
④ 出自《全唐诗》卷五二一。
⑤ 出自《大唐故大德赠司空大辨正广智不空三藏行状》。

安史之乱以后，不空深得肃宗崇信，凡建坛兴法均得到大力支持。不空以护王护国为主题，大兴念诵讲经活动，除发展本宗外，还经常举行规模宏大的祈雨息灾及为国修行法事活动。肃宗及朝中臣僚也对不空及其所弘密法深信不疑，庶民百姓更是对其崇拜之至。

不空圆寂后，他的六大弟子之一惠果受到代宗器重。这是因为：第一，惠果之传承综合了金刚智、善无畏"两部一具"法脉，并持金刚界、胎藏界及苏悉地三部大法；第二，惠果培养传授了许多出色的弟子，远及朝鲜、日本、诃陵。正所谓"法灯满界，流派遍域"，青龙寺因此成为佛教密宗的传播中心，闻名海内外。

至代宗朝，惠果经常奉诏为代宗持念。由于加持有效，惠果深受代宗恩宠，被赐予青龙寺东塔院，专设为密宗传法道场。大历十一年（776），代宗生病，在惠果的加持下痊愈。华阳公主生病，代宗诏请惠果作法，三月便愈。代宗非常高兴，除给予他一定的物质奖励，还以自己从不空所学的法门大多废忘为理由，请惠果为他重新授法，并将惠果迎上长生殿内道场帝师之位。

德宗朝时，惠果多次为国举行消灾祈福法会。贞元五年（789）大旱，惠果在青龙寺东塔院道场祈雨，果然天降甘霖。贞元六年（790），惠果奉敕前往法门寺迎真身舍利入内供养。贞元十五年（799），皇太子病重，经惠果依法加持，3个月后痊愈。

历史上关于密宗僧人能消灾祈福、有神异咒术等的传闻非常之多，神乎其神，大多是夸张附会，仅凭一般常识即可断定真伪。然而，西来的梵僧、胡僧有各种各样的特殊技能确是事实。梵僧、胡僧自幼先学"十二章"，识文断字，7岁之后就要学习五明，掌握工艺制造、天文知识、防疫治病等技能，在来中国的路途中历经数十国，遭遇各种艰难，更加显得见多识广、知识渊博。所以，会给人治病是有可能的；至于求雨灵验，也许和他们知晓天文知识有关系，如密教高僧一行就是著名的天文学家。惠果师承金、胎两脉，持三部大法，具有密教高僧的知识技能，自然在实际运用中得心应手，不同凡响。

对于密宗僧人能为国消灾、为民祈福这一点，不仅皇帝极为看重，就连朝廷官员也深信不疑，士庶百姓更是崇信之至。因此，长安城的市民纷纷前往青龙寺烧香拜佛、祈福消灾。青龙寺的密僧很擅长此类活动，这样既得到了他人的尊重，也得到了经济上的实惠，何乐而不为呢？由此青龙寺香火旺盛、游人如潮，到青龙寺游赏、祓禊成为时尚。

四、迎奉舍利

唐代一共有 7 次公开迎奉法门寺佛舍利的活动,其中有 4 次与青龙寺的密宗僧人有关。

上元元年(760)五月,肃宗敕令高僧法澄和中使宋合礼、府尹崔光远迎奉法门寺佛舍利至内道场供养,大约至七月诏赐奉还供奉物。在此过程中,虽没有对密宗僧人的直接记载,但当时不空的几个主要弟子含光、觉超、昙贞等都在内道场,可以说肃宗时迎奉法门寺佛舍利并供养于内道场实际是在不空及其弟子的策划下完成的。

德宗朝时,由密宗僧人主持的迎奉佛舍利活动有明确的史料记载。《大唐青龙寺三朝供奉大德行状》中记载,贞元五年(789),青龙寺高僧惠果"奉敕于右卫龙迎真身入内"。这次迎奉舍利是由惠果依敕迎入宫内的,自然在宫内供养的法事就由惠果和他的弟子们主持了。同时,惠果也是这次活动的策划者和主持者。德宗在其执政之初,锐意除弊,励精图治,并不热衷于佛教。但在之后的几年中,藩镇割据,政局出现混乱,加之频繁发生的自然灾害,令德宗不安,他自责地对臣下说:"盖朕寡德,屡致后土震惊,但当修政,以答天谴耳。"从此信奉佛教。迎奉真身舍利入内供养后,"二月,乙亥,遣中使复葬故处"①。

法门寺八重宝函

---

① 出自《资治通鉴》卷二三三。

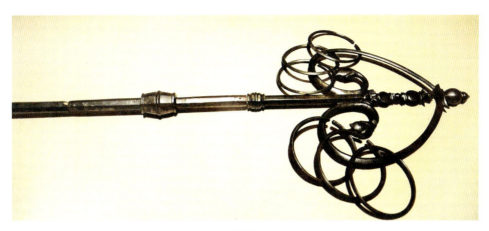

锡杖

四月间，恢复内道场，惠果奉敕入内，于长生殿为国持念70余日。从德宗迎奉佛舍利及其前后态度上的变化，可以看出密宗与皇室信仰的密切关系和密宗在迎奉舍利活动中的重要作用。

唐宪宗迎奉佛舍利是在元和十四年（819），这次活动的主持者是青龙寺高僧义操。义操是青龙寺继惠果灌顶位的传法继承人，是兼受金、胎两部大法的大阿阇梨，在惠果的弟子中为付法最多者，也是国师、内供奉。此等重大的功德活动，他必当首先参与。

咸通十四年（873），唐懿宗迎奉真身佛舍利，此次活动规模甚大，历懿宗、僖宗两朝。《大唐咸通启送岐阳真身志文》《旧唐书》《杜阳杂编》等史料对密宗僧人在迎送中的活动都有详细记载。出土的鎏金单轮六环铜锡杖上可以看到錾刻有铭文4行41字："僧弘志、僧海云、僧智省、僧义真、僧玄依、僧志坚、僧志共、沙弥愿思、弟子李瓶、薛氏父王惟忠、母阿李为从实。"其中海云、义真都是青龙寺东塔院义操的传法弟子，亦即惠果的第二代传人。铜锡杖上的刻名可以证实，他们代表青龙寺参与了法门寺佛舍利供养法会的活动。

总之，由于朝廷的崇信和支持，密法祈福消灾走出了宫廷，与中国传统的礼制和风俗结合在一起，成为京城长安的社会风尚，也成为以青龙寺为中心的乐游原文化景区的主要文化特色之一。

第二节　闲对南山步夕阳

隋唐时期青龙寺遗址及其范围的确认尚可借助科学的考古手段，而当时的自然景色和人文环境就只能从唐代诗人所写的关于乐游原和青龙寺的诗词中去寻找了。

一、高敞幽静的寺院环境

青龙寺因乐游原而具独特的地理位置。青龙寺的前身是隋文帝所立的灵感寺，隋文帝在创建大兴城时，对长安一带的地理位置、自然条件当然是进行了认真仔细的考察论证的。

长安位于八百里秦川的中心、渭河平原中部，北临渭河，南依秦岭，西濒沣水，东邻浐、灞两河。由于受秦岭山脉的影响，形成了东南高、西北低的地势，颇似簸箕形状，"被山带河"①，自然条件十分优越。

渭河南岸、终南山北东西约 17 千米、南北约 40 千米的开阔平原，以龙首原为自然分界线，北部地势低平，向渭滨倾斜，南部地势起伏不平，犹如一条条横卧的游龙，成为隋文帝选建都城最为理想的位置。在营建都城的过程中，长安的建筑师们巧妙利用《周易》中的理论，结合这一带六条东西走向的高坡，赋予它们数字的时空含义来象征乾卦之六爻，从北向南按九一至九六的抽象顺序排列起来，在其间布置、设计各种建筑物，显示出不同的效果，使现实功能与理想化的设计思想达到奇妙的统一。所谓"龙首山川原秀丽，卉物滋阜，卜食相土，宜建都邑"②，指的就是这种情况。

灵感寺最初是隋文帝修建城池时，为所迁徙坟墓的亡灵祈求冥福而设置的寺院。唐长安城是在隋大兴城的基础上增修营建的，成为我国古代规模宏伟、布局规整、建筑壮丽、举世闻名的古城。长安城的东南隅则形成了一个以乐游原为中心的风景游览区。昔日的灵感寺几经易名，终以青龙寺之称闻名中外，法灯满界，流派遍域。

---

① 出自《史记·秦始皇本纪》。
② 出自《隋书·高祖纪》。

青龙寺云峰阁

青龙寺樱花园林

青龙寺在长安城100多座佛寺中地势最高。乐游原处"九五贵位，不欲常人居之"①，与玄都观、大兴善寺齐位。但在具体方位上，青龙寺在乐游原之东，位于"龙首"，而玄都观与大兴善寺大概是位于腹尾之处"以镇之"。

站在青龙寺中，"九陌城中寻不尽，千峰寺里看相宜"②，"漫漫一川横渭水，太阳初出五陵高"③，"北阙连天顶，南山对掌中"④，"坐看南陌骑，下听秦城鸡"⑤……唐代士人钟情于青龙寺的幽静，偏爱乐游原的高敞。站在这处长安城中的制高点上，"北向祗双阙，南临赏一丘。曲江新溜暖，上苑杂花稠"⑥。"寺好因岗势"，青龙寺因乐游原而独居"九五贵位"，它远离皇宫大内，天高地广，为人们提供了一个可以极目远望、放飞思想，犹如世外桃源的清净之地。

"高原陆地，下映芙蓉之池；竹林果园，中秀菩提之树。"⑦这是唐代诗人王维对青龙寺景色的生动描绘。唐代诗人的名诗佳作为我们今天寻找青龙寺的身影提供了依据。"常多簪组客，非独看高松。"⑧"林中空寂舍，阶下终南山。"⑨从诗中可知青龙寺有高松、森林，且"摇光浅深树，拂木参差燕"⑩，又有"十亩苍苔绕画廊，几株红树过清霜"⑪。"友生招我佛寺行，正值万株红叶满。"⑫诗中所说红叶，有人说是红枫树的叶子，也有人说是秋天柿子树的叶子，不论是何种树木的叶子，诗歌都描绘了绿树丛中红叶摇曳的景色。"安禅一室内，左右竹亭幽。"⑬"本来清净所，竹树引幽阴。"⑭在诸诗人的诗作中多次出现过对

---

① 出自《唐会要》卷五〇。
② 出自《全唐诗》卷五〇一。
③ 出自《全唐诗》卷二九三。
④ 出自《全唐诗》卷八八。
⑤ 出自《全唐诗》卷一二七。
⑥ 出自《全唐诗》卷六四。
⑦ 出自《全唐诗》卷一二七。
⑧ 出自《全唐诗》卷五四四。
⑨ 出自《全唐诗》卷一二九。
⑩ 出自《全唐诗》卷二八二。
⑪ 出自《全唐诗》卷三三二。
⑫ 出自《全唐诗》卷三三九。
⑬ 出自《全唐诗》卷一二九。
⑭ 出自《全唐诗》卷一四二。

青龙寺诗碑

青龙寺竹林的描写，这说明青龙寺内的竹子生长良好。因竹子生长要求的环境条件较潮湿，所以可推测青龙寺当时的自然环境湿润，适合竹子生长。既然有湿润的环境，应该就不会缺水，在唐诗里，关于青龙寺之水的诗句有"苔新禽迹少，泉冷树阴重"[1]、"树老因寒折，泉深出井迟"[2]等。这些诗句中提到的"泉""井"可以证实，唐代青龙寺内确实是有水的。

长安城内不同地区水的味道各不相同，有的咸，有的甜。醴泉坊因"甘泉浪井"而出名，故"隋文帝于此置醴泉监，取甘泉水供御厨"[3]。晋昌坊大慈恩寺内也有水味甘美之井，有诗句曰："井甘源起异，泉涌渍苔封。"[4]青龙寺

---

[1] 出自《全唐诗》卷五四四。
[2] 出自《全唐诗》卷五七二。
[3] 出自《长安志·醴泉坊》。
[4] 出自《全唐诗》卷五七三。

的所在地新昌坊，虽然地势偏高，但井水尤为甘甜。宪宗时诗人殷尧藩有《新昌井》一诗："辘轳千转劳筋力，待得甘泉渴杀人。且共山麋同饮涧，玉沙铺底浅磷磷。"[1]敬宗时秘书少监姚合在搬入位于新昌坊的新居时，写有《新昌里》一诗，其中写道："旧客常乐坊，井泉浊而咸。新屋新昌里，井泉清而甘。"[2]由此可以证明，新昌坊虽然地势较高，但仍有井水，且水味甘甜。如此就令现在的人们不难理解唐代的青龙寺虽地处冈原之上，而寺内"竹色连平地""红叶满僧廊"[3]，高杉、红荷、泉水、竹林"不起而游览，不风而清凉"[4]，吸引了当时许多文人来此会友、作诗。不难想象，人们一定被眼前的美景陶醉了。

青龙寺的景色也吸引了皇帝的目光，《唐语林》卷四载："（宣宗时）以宪宗曾幸青龙寺，命复道开便门。至青龙佛宫，永日升眺，追感元和圣迹，怅望久之。"[5]宣宗是在武宗之后继位的，众所周知的唐武宗灭佛对青龙寺的打击是相当严重的，虽然后来青龙寺得以恢复并重修，但重修的晚期规模不如早期。不过，宣宗曾至青龙寺追感怅望证明，青龙寺的恢复是实实在在的，至少具备了可以接待天子的规模。

青龙寺的自然景观有其独到之处，同时寺内的建筑规模及寺院内王韶应的壁画也是吸引人们的原因。

王韶应，唐代名画家。《历代名画记》载："王韶应，或作韶隐。画鬼神，深有气韵。"还记载有王韶应画净域寺三阶院的"院门内外神鬼"，"海觉寺，欧阳询题额。三门内王韶应画"。洛阳长寿寺"菜园精舍内，王韶应画"。洛阳敬爱寺西禅院"东西两壁西方弥勒变，并禅院门外道西行道僧，并神龙后王韶应描，董忠成"。以上记载均说明王韶应以善画鬼神而闻名，因其所画之像栩栩如生，面目狰狞可怖，连鬼神都自叹不如，望而却步。《图画见闻志》卷五载："青龙寺中三门外东西，王韶应画。"诗人韩愈有诗描述青龙寺的壁画："光华闪壁见神鬼，赫赫炎官张火伞。然云烧树火实骈，金乌下啄赪虬卵。魂翻眼倒忘处所，赤气冲融无间断。"[6]有关青龙寺壁画的传说，《唐阙史》中这样写道："青龙寺

---

[1] 出自《全唐诗》卷四九二。
[2] 出自《全唐诗》卷五〇二。
[3] 出自《全唐诗》卷五一四。
[4] 出自《全唐诗》卷一二七。
[5] 出自《东观奏记》。
[6] 出自《全唐诗》卷三三九。

西廊绘毗沙门天王，新昌坊民时疫，肩置绘壁下，逾旬能步，逾月以力闻。"毗沙门天王为四大天王之一，是护持佛法、保护寺院的护法神。该神多为身穿甲胄的武将形象，面现忿怒畏怖相。从史料中得知，唐代新昌坊曾流行瘟疫，许多人病倒，十分痛苦。为此，有人来到青龙寺，发现在绘有毗沙门天王的壁画下站立，就能借助毗沙门天王的神力驱走病魔，10天后就能下地行走，一个月后就能恢复健康且力大无比。于是人们奔走相告，纷纷前往青龙寺，求"医"者络绎不绝。这个故事被广为流传，时至今日，江南一带还流传着青龙寺的瓦当能驱邪治病的传说。

二、社交场所

唐代是一个崇尚文化和自由的时代。长安的各大寺院聚集了不少来自全国各地的高僧大德，他们中很多人是士人出身，有的甚至出自名门望族，有文化基础，有社会知识，出家为僧并非因为贫困潦倒或其他原因，而是一种时尚、一种追求。他们学识渊博，德高望重，具有相当的文化底蕴，深受宗教界、官员，特别是文人的敬仰，从而也提高了他们所在寺院的知名度。

唐代的寺院在一定程度上可以看作社交场所，可以满足各种层次人们的需要。它们既是官员休闲游览、祈祷官运亨通的地方，也是文人雅士舞文弄墨、附庸风雅的场所，还是外乡游子登高远眺、遥祝家人安康的圣地……在这种高雅的文化乐园里，官员、士人常常与僧人一起讲经论佛，吟诗作画，品茶弈棋，清谈游赏。这种聚会在当时被称作"僧社""法社""莲社""净社""香火社"等。在这种浓厚的文化氛围下，文人与僧人惺惺相惜，并以被邀请入社为荣。许多人慕名前来，希望能与寺里的僧人结交。

《太平广记》中记载了一个有关青龙寺的故事："唐乾符末……有客尝访知事僧。属其匆遽，不暇留连。翌日至，又遇要地朝客。后时复来，亦阻他事。颇有怒色，题其门而去曰：'龛龙去东海，时日隐西斜。敬文今不在，碎石入流沙。'僧皆不解。有沙弥颇解，众问其由，曰：龛龙去，有'合'字存焉。时日隐，有'寺'字焉。敬文不在，有'苟'字焉。碎石入沙，有'卒'字焉。此不逊之言，辱我曹矣。僧大悟，追访，杳无迹矣。"讲的是一个士人造访青龙寺，屡遭拒绝后，十分气恼，在寺门上题诗一首，以宣泄不满。在这个故事里，寺内僧人皆是有文化的，却不解士人所题之诗，还是小和尚头脑灵光，反应机敏，看出了诗句中的不敬之意。在唐代，僧人的社会地位较高，特别是在唐代中晚

青龙寺庭园一角

期，密宗的社会地位高于其他宗派，颇受皇帝器重。这个故事说明，青龙寺的和尚很忙，并不是随随便便接待宾客的，而是有一定的制度，必须提前预约，对达官显贵也是如此。

当时的社会风尚是敬重出家人，士人与僧人惺惺相惜。佛教的显学文化，长安士人几乎都略懂一二，较为普及。而对密宗，则必须由教内阿阇梨亲授灌顶，准许参与密宗法事活动，方能得到了解。因此，人们对青龙寺僧人的能力更是崇拜之至。

《太平广记》载："长庆中，青龙寺僧善知人之术，知名之士，靡不造焉。"事情发生在唐穆宗时期，传闻青龙寺的和尚会相面，且预测未来相当准确，于是长安城里的知名人士纷纷前往请求相面，预测前途。

当时寺院的僧人们往往也开动脑筋，想办法迎合民间的风俗和要求。他们将佛教节日的一些内容通过俗讲等方法介绍给百姓，如盂兰盆会、腊八节等，使寂静的寺院一时间热闹起来，既增加了来客的兴趣，也给人们提供了广种福田的大好时机。

作为佛教寺院，青龙寺不仅为人们提供了参禅礼佛的场所，在特定的日子，也为长安人休闲娱乐提供了广阔的场所，如俗讲、戏曲表演等一些大型的娱乐项目多次在青龙寺举行。

在古代，人们将诵经称为"转读"，将歌赞称为"梵呗"，将以事缘为主的歌唱称为"唱导"。由于佛经大多译于六朝时期，那时的译文与口语的差别并不很大。语言发生较大变化大概是在中唐以后，诵咏原文很难让人听懂了，于是产生了变文。变文是把佛教经典用通俗的文体写出来的一种作品，这种作品可以作为俗讲的脚本。最初的变文源于佛经，讲的是佛教经典里的故事。佛教变文后来又逐渐发展为两种：一种是讲解经文，严格说经，宣扬义理；一种是宣讲佛教故事，把变文作为脚本，以俗语讲经，这就是俗讲。俗讲可根据变文内容改编为说唱形式，一般是说唱同时进行。这种唱白并用的变文打破了原来中国传统文体的单一性，开创了我国说唱文学的先河。我国古代的变文、弹词、鼓词等说唱文学，可以说都是直接来源于佛教的。变文的作者们创造了一个个生动鲜明的人物形象，在语言上采用半文半白的形式，也为后世开创了新的风格。最有影响的要数《目连救母变文》，在民间广为流传。青龙寺的僧人也利用这种方式吸引和招徕听众，广种福田，募集钱财。韩愈有《华山女》诗："街东街西讲佛经，撞钟吹螺闹宫庭。广张罪福资诱胁，听众狎恰排浮萍。……"①《西阳杂俎》中记有："愚夫冶妇，乐闻其说，听者填咽。"在寺院设道场、办俗讲的同时，还有说书及进行百戏表演的民间艺人、杂耍班子，他们就地设场献艺，表演各种杂技。商贩们也来摆摊设点，热闹异常。正如《尚书故实》中所说："京国顷岁街陌中有聚观戏场者……"在这种庙会上，既有庶民百姓、文人士子，也有官宦贵族。据《太平广记》说："唐天宝后，有张某为剑南节度使。中元日，令郭下诸寺，盛其阵列，以纵士女游观。"青龙寺曾是长安戏场之一，据《南部新书》载："长安戏场多集于慈恩，小者在青龙，其次荐福、永寿。"唐代文学家苏颋在《奉和恩赐乐游园宴应制》中说："乐游光地选，酺饮庆天从。座密千官盛，场开百戏容。绿塍际山尽，缇幕倚云重。下上花齐发，周回柳遍浓。夺晴纷剑履，喧听杂歌钟。日晚衔恩散，尧人并可封。"②诗中的"座密千官盛，场开百戏容"一句描述了青龙寺戏场的情景。戏场内的杂技表演有高超的绳技、奇妙的竿技、神奇的幻术等，吸引了无数人争相观看。

绳技，俗称"走索"，表演者将绳子平直地横挂在空中，在绳上表演各种平衡腾跃的惊险动作。还有一种爬绳表演，是一种类似于魔术变幻的绳技。表演者把一团绳用力掷向高空，绳在空中就像被人往上拽一样，一直向上延伸。表演者顺着绳一直向上爬，直到高不见人影。这种奇妙的绳技带有神秘的色彩，蒲松龄的《聊斋志异·偷桃》中也有记载。

竿技，主要有顶竿和爬竿两种，一表演者顶着一根长竿，另一表演者沿竿爬上，在竿上翻飞起舞，进行各种惊险的表演。

"吞刀""吐火"是来自西域少数民族的幻术表演。王棨《吞刀吐火赋》曰："原夫自天竺来时，当西京暇日。骋不测之神变，有非常之妙术。初呈握内，岂吹毛之锐难亲；复指胸中，虽烁石之威可出。于是叱咤神厉，谽呀气恣，旁驾肩而孰不观也，忽攘臂而人皆异之。俄而精钢充腹，炽烈交颐。罔有剖心之患，曾无烂额之疑。寂影灭以光沉，霜锋尽处；炯霞舒而血喷，朱焰生时。素刃兮倏去于手，红光兮遽腾其口。始蔑尔以虹藏，竟爗然而电走。隐于笑语，回看而鞞琫皆空；出自咽喉，旁取而榆檀何有。……"③将表演"吞刀吐火"的惊

---

① 出自《全唐诗》卷三四一。
② 出自《全唐诗》卷七四。
③ 出自《文苑英华》卷八二。

险场景描述得十分生动。

除上述节目外，还有一种叫"藏狭"的幻术，也称"藏挟"。据《文献通考·乐考·散乐百戏》载："藏狭，盖取物象而怀之，使观者不能见其机也。"表演者取他人的东西藏于自己怀中，其敏捷的手法令观者难以识破，十分好奇，兴趣盎然。这实际上就是民间俗称的"变戏法"。

另外还有"漱水而雾合""吐饭而蜂翔"等节目也十分有趣。

在这种场所表演的大多是江湖艺人。

唐代的僧人中也出现了许多艺僧，如密教高僧一行善围棋，灵鉴善弹丸，山人石旻善打弶，段善本是杰出的琵琶表演艺术家。像"吞刀吐火"等魔术、幻术、杂技等，也是宗教人士传来或发明的。佛教中擅长技艺的僧人，有的是在民间学习后加入佛教的，他们中有一些修养高深的艺术家。

总之，唐代宗教的发展推动了文化娱乐的进一步开展，寺院里的民间艺术迎合了人们对文化生活的要求，使长安的民俗文化更加丰富多彩，融社会交往和文化交流于一体。

三、与青龙寺有关的传说

在经济繁荣、物质丰富的唐代，人们仍向往走仕途，但能如愿及第的毕竟是少数人。那些落第的学子不甘心就此认输，往往会在京城借住，继续学习，以期来年再考。《南部新书》载："长安举子，自六月已后，落第者不出京，谓之'过夏'。多借静坊庙院及闲宅居住，作新文章，谓之'夏课'。"新昌坊的青龙寺就是士人喜欢的地方之一，常有年轻书生到此拜访。《唐两京城坊考》曰："江陵副使李君下第困迫，于青龙寺门前坐。"又载："赵璟闲居慕静，深巷杜门不出。李元素访之，璟引元素同访青龙寺日者。"

《太平广记》卷七十四中有这样一段故事：唐代有个叫陈季卿的江南举子，赴京城考进士，转眼10年过去了，仍名落孙山。曾打算南归省亲，却又心有不甘，于是仍羁留在京城，以替他人抄书糊口。他是青龙寺的常客。这天，他又来到青龙寺，不巧他要找的僧人外出未归。有个南山翁坐在火炉旁烤火，招呼陈季卿坐下，说自己也在等僧人。过了许久，南山翁对陈季卿说："太阳已经下山了，你不饿吗？"陈季卿说："实在是饿了，但我认识的和尚不在，有什么办法呢？"南山翁微微一笑，从胳膊上解下一个小包，从中取出一块一寸见方的草药，放到炉子上煎成一杯汤递给陈季卿说："喝了此汤，也许就不会饿了。"陈季卿半信半疑地将汤一饮而尽。说来也奇，肚子立刻就饱了，而且非常舒服。陈季卿起身观赏室内的挂饰，见东墙上贴着一幅水陆地图，便在地图上查看回江南的水路。看了一会儿，不由得长叹一声："如果能从京师以北的渭河泛舟达于黄河，那就能途经东都洛阳，南入淮河，再入长江，不需多日就能到家了。若能以这种方式回家，也就不悔10多年来功名无成了。"一旁的南山翁笑着说："这个愿望不难达到。"他请僧童到门前阶下采来一片竹叶，贴在地图中的渭河上，对陈季卿说："你只要注视此舟，便能如愿。但是，到家后切勿久留！"

陈季卿按南山翁的要求目不转睛地盯着那片竹叶，过了一会儿，眼看着图中的渭河渐渐泛起波浪，那片竹叶也逐渐变大为船，船上升起了风帆，自己竟站在了启动的船上。船儿顺流而下，一直来到黄河口的禅窟寺。他登上岸来，游览了寺院，并在大殿的柱子上题诗一首："霜钟鸣时夕风急，乱鸦又望寒林集。此时辍棹悲且吟，独向莲华一峰立。"第二天乘舟到达潼关，上岸，在关门东的院门上写道："度关悲失志，万绪乱心机。下坂马无力，扫门尘满衣。计谋多不就，心口自相违。已作羞归计，还胜羞不归。"自此以后，凡经过名胜古迹，均作诗留念。经10天左右回到家中，家人都惊喜万分。傍晚，他坐在自家的书斋中，百感交集，提笔写下了《江亭晚望题书斋》："立向江亭满目愁，十年前事信悠悠。田园已逐浮云散，乡里半随逝水流。川上莫逢诸钓叟，浦边难得旧沙鸥。不缘齿发未迟暮，吟对远山堪白头。"这天晚上，他对妻子说："我的考期已近，不能久留，愿你好自为之。"随后来到船上，吟诗一首赠予泪流满面的妻子："月斜寒露白，此夕去留心。酒至添愁饮，诗成和泪吟。离歌凄凤管，别鹤怨瑶琴。明夜相思处，秋风吹半衾。"兄弟们闻讯前来送行，拉着他的手久久不肯松开。他又吟诗相赠："谋身非不早，其奈命来迟。旧友皆霄汉，此身犹路歧。北风微雪后，晚景有云时。惆怅清江上，区区趁试期。"吟罢，乘舟逆流而上。此时江上并无南风，船上也没有橹，而船身却鬼使神差一般行驶如飞。岸上的妻子和兄弟们目瞪口呆，认为他已经离世，这是魂魄回来告别的，忍不住失声痛哭。

陈季卿乘船沿着来时的路线回到渭水之滨，登岸骑马回到青龙寺。只见那南山翁仍旧披着衣裳坐在火炉边烤火。陈季卿向他道谢，讲述了自己的经历，还说像是做了一场梦。南山翁笑着说："是不是梦，两个月后你自会知晓。"这时，天色渐渐暗了下来，那外出的僧人还没回来，南山翁和陈季卿相互道别，离开了寺院。

两个月后,陈季卿的妻子从江南来到长安,看到陈季卿健在如故,喜出望外。陈季卿忙问妻子,两个月前自己是否曾经回家。妻子证实了他两个月前回过家,并道出了他回家的日期、书斋题诗及临行前留给自己和兄弟们的赠诗,陈季卿这才确信自己回家之事并不是梦。第二年春试,陈季卿名落孙山。他在东归的途中,再次来到禅窟寺和潼关,果然看到了自己题留的两首诗,且墨迹清晰。又过了一年,陈季卿终于考中了进士。他依然常常到青龙寺拜访,后皈依佛教,成为虔诚的信徒。

唐文宗大和七年(833)的一天,有一僧人在国子祭酒赵蕃的家门口讨饭,对家僮说:"我有要事相告,能不能与你家赵先生相见?"家僮禀告了赵蕃,赵蕃将僧人请到家中。僧人说:"近期先生将有灾难降临,但若按我的话做,就能避免灾难。"赵蕃一听,连忙跪下,恳请高僧指点。僧人说:"给我裁刀①一千五百,即可以让你脱离凶祸。不久,你将为东南方向一郡之长。"赵蕃连连答应,并向僧人请教姓名及住址,保证将裁刀送到门上。僧人说:"我住在青龙寺,名法安。"说完就走了。第二天,赵蕃派人携物如约来到青龙寺,要拜访僧人法安,但是寻遍寺院上下,竟没有人知道他的去向。几天后,赵蕃果然升为袁州刺史。这件事情被长安人传为佳话。

僧人有直接面对皇帝、参与政治的机会,使得唐长安城中的士人、商人都愿主动与僧人结交,唐代城市生活因此也多了几分奇异的色彩。

僧人也很注意与政治方面的人物搞好关系。有些下第的士子因生活窘迫,经常到寺院里混饭吃。唐僖宗时的宰相韦昭度,青年时代贫困潦倒,实在没饭吃了就去找京师左街僧录净光。净光看他有才学,"常器重之"②,以斋饭救济他,他才得以留在京城,有机会参加科举考试。唐懿宗咸通八年(867),韦昭度进士及第,不久担任尚书郎、知制诰,后终于成为宰相。当然,僧录净光等人也一定会得到回报。

由于士人有进士及第的可能,寺院里的僧人对前来讨饭吃的士人不得不酌情对待。王播年少时孤贫无援,读书时没饭吃,就常常到扬州惠昭寺木兰院吃斋饭。僧人对这个长期在寺中"混餐"的书生多有不满,相约将敲钟的时间改在饭后,令王播多次扑空,空腹而归。但是,僧人对这个讨饭书生的前途把握

---

① 裁刀:一种工具,可能是剃刀。

② 出自《唐摭言》。

不准，为防万一，就将王播题在寺院墙壁上的讽刺诗保留了下来。

后来王播做了宰相，出任淮南节度使，镇守扬州，又来到惠昭寺木兰院。僧人忙将他当年的题诗用碧纱罩上，以示刻意保护。回想往事，王播无限感慨，作诗一首："三十年前此院游，木兰花发院新修。而今再到经行处，树老无花僧白头。"又题诗曰："上堂已了各西东，惭愧阇黎饭后钟。三十年来尘扑面，如今始得碧纱笼。"

正是有了上述先例，僧人与士人之间的交往似乎多了什么，于是乎佛寺里的文化气氛便更加浓郁了。

第五章　中日友好新篇章

中日两国是一衣带水的近邻，文化交流源远流长。随着两国邦交正常化，两国在经济、文化等各个领域的友好往来日益广泛。20 世纪 70 年代初，中国科学院考古研究所确定了唐代青龙寺的遗址，并进行了多次发掘和研究，成果一经发表，即引起了日本有关方面的重视，他们多次向驻华大使馆等部门表示，愿与我国合作，共同建设青龙寺。

1978 年 4 月 23 日，日本真言宗各派总大本山会向到访日本的中国佛教协会代表团第一次提出了重建青龙寺的意愿。1979 年秋，日本爱媛县访华团秘书长石水伴清在西安兴庆公园瞻仰阿倍仲麻吕纪念碑时，脑海里突然闪现出为空海修纪念碑的念头。他的想法一说出来，就得到了团长白石春树知事及代表团所有成员的响应。他们当即向西安市政府表达了这一意愿。一个月后，香川县知事前川忠夫率团访问陕西，也表达了建设空海纪念碑的愿望。出生在香川县的日本内阁总理大臣大平正芳访问西安时，也表示愿推动空海纪念碑的建立。一时间，修建空海纪念碑成为日本四国四县的共同话题。1980 年 1 月 18 日，四国四县正式召开了知事联席会议，关于修建空海纪念碑达成了一致意见，并决定将事务局设在香川县政府。

从 20 世纪 80 年代初开始，在中日两国热心人士的积极推动下，两国地方政府共同出资，先后在青龙寺遗址上建成了空海纪念碑、惠果空海纪念堂和青龙寺庭园。三期工程，中方共征地 54.63 亩（36420 平方米），投资人民币 539 万元，日方投资折合人民币 630 万元。

第一节　空海纪念碑建设

1979年11月，日本香川县知事前川忠夫在陕西省西安市访问时，提出了在青龙寺遗址上修建空海纪念碑的建议。对这一建议，西安市有关部门做出了积极的反应。中日双方多次协商后决定，由空海的故乡成立空海纪念碑建立实行委员会本部，作为日方负责建碑的机构。西安市也相应地成立了协助建立空海纪念碑委员会。

一、前期准备

1981年4月12日至15日，中日双方代表在西安就建立空海纪念碑一事举行了会谈并签订协议。西安市副市长、协助建立空海纪念碑委员会主任委员土金璋和日本国空海纪念碑建立实行委员会本部前田敬二团长代表双方签订了协议书和备忘录。

在协议书和备忘录中，就建立空海纪念碑的具体问题做出了如下协定：

首先，建立空海纪念碑，是"为了纪念中日友好的先驱者空海，进一步增进西安市人民与德岛县、香川县、爱媛县、高知县四县人民之间的友谊，发展相互间的文化交流"，也是为了缅怀前人，激励后人，促进中日两国人民的友好往来和文化交流。

其次，空海纪念碑的建设资金，以日本捐款为主，不足部分由西安市负责。"日方负担一亿日元，主要用于建立纪念碑及其有关附属设施。土地由中方出款征用。"在备忘录中，纪念碑"碑头的制作、运输费用、双方的设计费用，以及中方简单整修纪念碑的道路费用，均不计入日方负担的1亿日元之内"。关于纪念碑建成后的归属问题，协议中议定，"纪念碑及有关附属设施全部为西安市人民政府所有，并负责管理维修"。

修建纪念碑的第一步是确定碑址及建筑范围。关于这个问题，"日方希望纪念碑建立于空海当年住过的青龙寺的遗址内，用地范围由中方划定"。当时，由于遗址的发掘工作尚在进行中，整个遗址的规模、范围和布局还没有完全确定，难以划分遗址的内外界线，这给选址建碑带来了一定的困难。为了不影响遗址的保护工作，同时也不影响纪念碑的工程进度，考古工作者对现场的两个地方

空海纪念碑

进行了勘探：一个是在遗址东部的高地上，另一个是在遗址的北边。最后将碑址选定在4号遗址东北方向的高地上。对此中日双方均感到满意。

对修建空海纪念碑的工程，中日双方都很重视，不仅有设计方案，而且绘有草图。中日双方的方案、侧重点有所不同，经交换意见后决定：设计方案要体现唐代建筑的风格，与遗址相协调，既能使西安市人民接受，又能使日本四县人民接受。关于工程设计的分工问题，协议中说："纪念碑由日方设计。造型与尺寸由中方按设计图施工。设计图中不足部分，日方委托中方全权处理，中方可根据地质、备料、施工情况，做必要的技术调整。附属设施（指门房、接待厅、回廊、围墙、院内道路、庭院绿化等）由中方设计，总体布局由中方规划。"

关于整个工程的工期问题，中方进行了两次调整。初步设想于1982年年底竣工。考虑到日方四县的要求，将工程日期改为"1981年5月开始，1982年7月底竣工"。当双方代表就有关具体问题进行协商时，日方再次提出提前竣工的意愿。对日方的请求，西安市协助建碑委员会的领导十分重视，对日本四县人民要求尽快建成纪念碑的迫切愿望表示理解。但确实有一定的困难，因为这是第一次在西安修建具有唐代风格的建筑，无论是设计还是施工，都缺乏资料，也没有经验。尽管如此，中方仍决定尽最大努力，将工程尽量提前完成，争取1982年4月底竣工。

上述主要问题，中日双方都进行了认真研究和充分协商，为该工程的顺利进行创造了良好的条件。

二、设计与施工

根据协议，该工程由西安市协助建碑委员会主持，下设工程指挥部负责具体实施工作。工程中的纪念碑部分，由日本建筑师山本忠司负责设计。总体规划和其他建筑设计由中国西北设计院负责，项目负责人是张锦秋。

在总体规划和其他建筑设计方案上，充分利用了现存建筑实物及古代建筑资料。我国唐代的建筑，保存至今的仅有山西五台山的南禅寺大殿和佛光寺大殿。仿唐建筑有扬州的鉴真纪念堂。从西安大雁塔西侧门楣的石刻殿堂图和敦煌壁画中找到的相关资料，也可作为建筑构图来参考。另外，在青龙寺遗址上发掘出土的建筑材料等实物，都将作为该工程规划设计的主要依据。同时，在规划设计时，不仅要充分利用乐游原和青龙寺遗址的自然地形，还要将历史性、艺术性等诸多因素科学地统一起来。因此，纪念碑的设计方案从以下几个方面考虑：

其一，从总体入手。考虑到整个景区开发之后这一组建筑的格局在总体规划上的主从地位，力求相地立基，得体合宜。

其二，突出时代感。在建筑形式方面，着意仿唐，力求法式严谨，古朴有据。

其三，利用地形原貌。在环境设计和视觉设计中，因原就势，成景得景，再现唐代诗词中描述的登临情景，引发人们的遐想。[①]

在工程的平面布局中，利用了北高南低的地形，将主体工程纪念碑安置在庭院北部的高地上。沿坡南下建有七开间的接待厅，东西两面以回廊连接着门房，形成一座三合院。庭院里前低后高，视野开阔，主次分明。整个工程主要包括纪念碑、陈列室、门房、环廊、庭院、围墙等建筑。根据总体规划，整个建筑占地6526平方米，建筑面积422平方米。该工程的中心部分是纪念碑，由碑身、碑顶、栏板、碑座及四个圆形石灯组成。

碑身高10米，通体用汉白玉制成。碑身的构思"以大雁塔为楷模，以空海坐像的形态为基础"[②]，并将"五轮"形体贯穿其中。碑身采用仿唐塔的砖结构，每层之间以青砖出檐，分为三层。

碑顶用日本香川县产的花岗岩制成，形状从上到下依次为宝珠、半月、三角、正圆、正方5种，体现了佛教中空、风、火、水、地的"五轮"观念。

碑身的四周环有栏板，栏板上刻有大海的波浪图案。这一图案与碑顶"五轮"中的"空"上下呼应，组成"空海"。这是对空海的追思。

碑座与碑身构成一体，共有5层台阶，以碑身为中心，向四方延伸，营造出向外扩展的意境。

在碑座的四角，有4个圆形石灯，这是日本四国地区四个县的象征，也是空海家乡四县人民向纪念碑奉献的灯。

这一组建筑，布局合理，线条舒展。

由接待厅、门房和回廊组成的矩形院落，突出了斗拱雄健、出檐深远、屋顶举折平缓、鸱尾高大的唐代建筑特点。采用了额枋、梭柱、地栿、直棂窗、莲瓣覆盆柱础石、莲花纹滴水瓦当等仿唐建筑构件，具有浓厚的唐代建筑风格。若与西安大雁塔西侧门楣上的石刻殿堂图相对照，风格颇为一致。整个院落融中

[①] 出自张锦秋《江山胜迹在　溯源意自长——青龙寺仿唐建筑设计札记》。

[②] 出自山本忠司《青龙寺空海纪念碑》。

日两国传统建筑和佛教风格于一体，典雅别致。

为了按照协议执行，确保工程质量，在西安市协助建碑委员会的领导下，由西安市建委、物资局、文物局、园林局、雁塔区政府等各抽调一名负责人，组成青龙寺空海纪念碑筹建指挥部，负责建碑施工的具体事宜。下设办公室处理日常事务，办公室主任由时任市文物局副局长杨民华兼任。鉴于该工程工期紧迫，牵动面较大，要求各有关方面分工合作，密切配合。其分工如下：

1. 雁塔区政府负责征地及道路、水、电等工作，地价按国家规定办理。
2. 物资局负责供应工程所需材料（包括木材、钢筋、水泥、石料及其他材料），做到保质、保量，及时供应。
3. 建委负责解决设计和工程建设过程中的重大问题。
4. 文物局负责规划、陈列、管理等工作，确保工程质量与进度。
5. 园林局负责庭院内的植被栽培工作。

纪念碑建设工程由西安市古代建筑修缮工程公司承包。

1981年7月8日上午，寂静的乐游原上人声鼎沸，空海纪念碑工程于当日破土动工。上千名群众来到青龙寺遗址，参加开工典礼。在主席台上，悬挂着"空海纪念碑工程开工典礼"的巨型横幅。两侧分别写着标语："中日两国人民之间的友谊万古长青""进一步发展中日两国之间的文化交流"。出席典礼仪式的有省、市政府领导，以及省外办对外友好协会等有关方面的负责人。

典礼仪式由时任市文物局局长、协助建碑委员会委员高歌主持。时任西安市副市长、协助建立空海纪念碑委员会主任委员土金璋在开工典礼仪式上讲话，他说："空海是日本国的僧人，于公元804年来我国留学两年，曾在青龙寺随惠果学佛法，并热心研究史书、文学、书法、天文、医学等。回国后不仅创立真言宗，还对发展日本文化、促进中日两国友好交往做出了杰出的贡献。建立空海纪念碑，旨在缅怀前人，激励后人，共同为中日两国人民世代友好，为发展双方经济、文化、科学技术等交流与合作做出新的努力。"

大会上还宣读了日本国空海纪念碑建立实行委员会本部发来的贺电，全文如下：

中华人民共和国西安市协助建立空海纪念碑委员会主任委员土金璋
先生：

当此象征日中友好，体现日中两国永久和平、两国人民牢固友情的空海纪念碑开工之时，我谨向你们表示祝贺之意。西安市当局及贵市协助建碑委员会各位先生为建立纪念碑一直进行努力，对此我非常感谢。

在日中交流的道路已大大打开的今天，我热切希望这座纪念碑的建立能够进一步扩大友好的范围，并为四国四县和西安市带来巨大的幸福。

最后，祝空海纪念碑圆满建成。

日本国空海纪念碑建立实行委员会

本部会长、香川县知事前川忠夫

一九八一年七月八日

典礼仪式结束后，工程随即进入紧张而有序的实施中。

西安市古代建筑修缮工程公司具有多年修缮古代建筑的经验，他们在操作中按图把关，严格检查。对砖瓦饰件和木石构件，要求选材规整、精良制作。安装部件位置准确，衔接牢固。对碑身的磨砖对缝，采用了维修唐代香积寺塔的传统技法，达到了设计要求，体现了设计意图，收到了预期效果。

纪念碑建设工程竣工后，受到了中日各界人士的好评。日本建筑师山本忠司题词"高艺术，深友谊"，表达了中日两国人民的共同心愿。

三、落成典礼

空海纪念碑工程于1982年5月竣工。西安市成立了庆祝空海纪念碑落成委员会，决定于5月19日在青龙寺遗址举行纪念碑落成庆祝大会。

5月18日，来自日本香川、德岛、爱媛、高知四县的庆祝空海纪念碑落成友好访华团成员乘飞机抵达西安。下午，访华团的主要成员拜访了西安市人民政府。时任西安市代理市长张铁民会见了空海纪念碑建立实行委员会本部会长、香川县知事前川忠夫，双方进行了亲切友好的交谈。

5月19日上午，庆祝空海纪念碑落成典礼在青龙寺遗址举行。西安市人大常委会，省、市各有关方面的负责人出席了空海纪念碑落成庆祝大会。日本香川、德岛、爱媛、高知四县的知事、副知事和庆祝空海纪念碑落成友好访华团的全体成员以及西安各界群众1000余人，出席了庆祝大会。

大会由土金璋主持，西安市庆祝空海纪念碑落成委员会主任委员、时任西

1982年5月19日西安市领导与日本代表团在空海纪念碑前合影

安市代理市长张铁民讲话,他说:"空海是中日两国人民熟悉的日本平安时代的僧人,公元804年随第17次遣唐使来我国留学,在青龙寺随惠果学佛法,并热心研究史书、文学、书法、建筑等。公元806年回国后,不仅创立了真言宗,而且在中日两国文化、教育、艺术等方面做出了贡献,至今仍为两国人民所赞颂。建立空海纪念碑旨在缅怀前人,激励后人。让我们为进一步增进两国人民的友谊和不断发展双方的经济、文化交流做出新的贡献。"

日本国空海纪念碑建立实行委员会本部会长、香川县知事前川忠夫代表日方讲话,他说:"空海从中国留学回国后,在思想、教育、文化等广泛的范围内,把中国文化的精华传到了日本,为日本的文化创造打下了基础。我们来自空海诞生地的四国四县的人们,在庆祝空海纪念碑落成之际,衷心祝愿日中友好进一步发展。"

在热烈的掌声中,张铁民、前川忠夫一同为纪念碑揭幕,随后宣读了时任日本国内阁总理大臣铃木善幸、外务大臣樱内义雄和中国驻日本大使宋之光、日中友好协会会长宇都宫德马、日本国前内阁总理大臣大平正芳的夫人大平志华子等发来的贺电。

时任日本国内阁总理大臣铃木善幸的贺电全文如下:

西安市人民政府代理市长张铁民先生:

得知空海纪念碑这次在贵市跟空海大师关系密切的青龙寺旧址建

成，我感到十分高兴。赞扬日中友好的先驱空海大师的功绩的石碑，正好在日中邦交正常化十周年的今年建成，我想，这象征着日中友好，意义实在深远。

日本国内阁总理大臣
铃木善幸
一九八二年五月十九日

日本国外务大臣樱内义雄的贺电：

西安市人民政府代理市长张铁民先生：

  日中友好的先驱空海大师的纪念碑，这次由于日本四国四县和中国有关人士的努力，在贵市空海大师青年时曾经求学深造的地方——青龙寺旧址建成，这不仅赞扬了空海大师的功绩，而且具有象征着日中友好的深远意义，我感到十分高兴。

日本国外务大臣
樱内义雄
一九八二年五月十九日

中国驻日本大使宋之光的贺电：

前川忠夫先生：

  西安与四国四县的各位朋友，为了缅怀和继承空海发展中日两国文化交流的努力奋斗精神，修建了空海纪念碑。在举行空海纪念碑落成典礼之际，我对你们为促进中日友好所做的努力，表示衷心的敬意。

中国驻日本大使
宋之光
一九八二年五月十九日

日本国日中友好协会会长宇都宫德马的贺电：

西安市人民政府代理市长张铁民先生：

  值此空海纪念碑落成典礼之际，我以十分喜悦的心情，表示衷心的祝贺。空海是我国伟大的前辈,是日中友好的先驱者。空海在中国西安学习,于九世纪初满载中国的文化和中国人民的友情归国。此后他在我国的大地上牢久地扎根,我们的民族都沐浴着他的恩惠。

在此日中邦交正常化十周年纪念之际,我对能够将我国历史上值得大书特书的伟大先驱者的纪念碑,建立在与空海有关的青龙寺遗址之上,深表感谢,对中国有关方面与以四国四县的知事为首的实行委员会的诸位先生的努力,深表敬意。

我们缅怀并感谢曾培育了空海的中国与空海的业绩,决心学习他的精神,誓为日中两国人民永远友好进一步做出努力。

日本国日中友好协会会长
宇都宫德马
一九八二年五月十九日

日本国前内阁总理大臣大平正芳的夫人大平志华子的贺电:

前川忠夫会长先生:

对空海纪念碑的落成,表示祝贺。为空海建立如此壮丽的纪念碑,确实意义深远,令人十分喜悦。在此,我对有关先生们的献身精神表示敬意,确信纪念碑的竣工,将成为进一步加深日中两国友好的纽带。

日本国前内阁总理大臣大平正芳的夫人
大平志华子

当天晚上,西安市庆祝空海纪念碑落成委员会成员和日本国空海纪念碑建立实行委员会本部成员举行宴会,共同庆祝纪念碑落成。空海纪念碑的落成,有利于促进中日友谊日益加深和不断发展,也是中日友好进一步发展的象征。

西安市协助建立空海纪念碑委员会篆刻的碑文:

中日两国一衣带水,友谊渊远。复交缔约后交流日进,友好先贤愈益为人宗仰。

空海,宝龟五年(七七四年)生于日本国赞岐多度郡(今香川县善通寺市)。幼名真鱼,父佐伯直田公,母阿刀氏。少年笃学,旋入佛门。德宗贞元二十年（八〇四年）随使入唐请益，师事长安青龙寺惠果。滞唐一年余，遍访名刹，广集群典，结交宿士，研求诸艺。及至归国，创东密，遒书道，著诗文，兴教育。诚日本文化史之人杰、中日友好交流之先驱。承和二年（八三五年）圆寂于纪伊（今和歌山县）高野山。追谥弘法大师。

日香川、爱媛、德岛、高知四县动议于青龙寺遗址建空海纪念碑，两度遣使来商，募捐款项，设计碑型，制作碑头，提供空海资料；西安市人民政府深赞其意，成立协助建碑委员会，投资以助，征用土地，规划设计，整修庭院道路，精心施工。中日双方共建此碑，以志空海业绩，冀两国人民续承先贤互学竞进之精神，发展交流合作，永世友好。

西安市协助建立空海纪念碑委员会
一九八二年二月

日本国空海纪念碑建立实行委员会本部的碑文之一（译文）：

空海七七四年生于本国赞岐多度郡，即今香川县善通寺市。父佐伯直田公，母阿刀氏。幼名真鱼，幼少志学，十五岁入京都太学学习典籍，其后赴阿波大泷岳、土佐室户崎及伊予石槌山等地，苦行修道。

三十一岁随遣唐使入长安（今西安市），住西明寺，师事青龙寺惠果和尚，继真言第八祖法灯。八〇五年，惠果圆寂，空海撰其碑文。翌年，所学甚多，回归日本。

归国后，在全国范围内活跃于宗教、文化各个方面，及于技术、社会事业、文学书法尤为卓越，著《文镜秘府论》等。又创立日本最初的庶民学校——综艺种智院，建成万农池。八三五年，六十二岁于高野山圆寂，谥号弘法大师。

日本国空海纪念碑建立实行委员会本部的碑文之二（译文）：

日本国德岛、香川、爱媛、高知四县，由于中华人民共和国西安市的好意和协助，在此青龙寺遗址建立了空海纪念碑。

八〇四年，空海作为遣唐留学生赴长安，主要在该寺学习。滞唐一年有余，正如他所说"虚往实归"，在长安期间，开启了天才之眼。归国后，充分发挥所学新知识，献身于民生的福利、安定及教育文化的提高。确实可以说，空海高德的根源，在于中国留学。一九七八年，《日中和平友好条约》生效以来，一衣带水的两国间，交流的道路大为开拓，友好的范围日益扩展。正当此时，为纪念文化交流的伟大先觉空海，在西安建立了这座纪念碑。

在此祈念两国永久和平与繁荣，并祝愿纪念碑长存。

日本国空海纪念碑建立实行委员会
一九八二年

第二节　惠果空海纪念堂建设

为了纪念开辟中日友谊之路的历史先贤空海和他的导师惠果，日本真言宗僧众提议，在青龙寺遗址上共同修建惠果空海纪念堂。

早在1980年春，中曾根康弘到西安访问时就曾表示："日本真言宗愿意与中方合作，修复青龙寺遗址。如中方同意，拟派访问团前来商谈具体事宜。"对这一建议，西安市十分重视，经认真研究，同意日方提出的共建要求，并邀请日方来人协商。

一、前期准备

1981年5月25日至31日，以金刚峰寺宗务总长阿部野龙正为团长的日本真言宗代表访华团第一次应邀到西安访问，西安市有关领导前往机场迎接。当天晚上举行了欢迎宴会。翌日，真言宗代表访华团一行参拜了青龙寺遗址，中日双方就在青龙寺遗址上共建纪念堂一事进行了商谈。会谈在亲切、友好的气氛中结束。

1981年10月10日至13日，以阿部野龙正为团长，日本真言宗各派总大本山会、日中友好真言宗协会代表，应邀第二次来华访问。双方就纪念堂的规划和协议等如何签订交换了意见。

会谈在友好和相互谅解、相互支持的气氛中进行，并商定了如下内容：

1. 日方希望复原空海当年灌顶的东塔院，中方同意。东塔院范围根据考古发掘及文献资料等划定。

2. 复原建筑所需费用，日方负担1.3亿日元，不足部分由西安市负担。土地由西安市征用。

3. 复原工程于1982年年初开始动工，1984年2月前竣工。

1982年5月30日至6月4日，日中友好真言宗协会派出以阿部野龙正为团长的代表团，第三次到西安访问。代表团就建立纪念堂的有关事项与中方继续进行会谈。在相互理解的基础上，双方就一些细节问题取得了一致意见。西安市修复青龙寺委员会主任委员雷行与日本真言宗各派总大本山会、日中友好真言宗协会会长阿部野龙正代表双方签订了协议书。协议书除归纳和确定了此前的商谈内容，还强调了以下两点：

第一，纪念堂的总体规划、设计、施工由中方负责，惠果、空海塑像及附属设施由日方负责。

第二，建堂工程于1983年3月开始，1984年2月前竣工。纪念堂及其附属建筑全部为西安市人民政府所有。西安市人民政府责成有关部门负责保护、管理、维修。

协议书签订不久，西安市修复青龙寺委员会研究决定，惠果空海纪念堂修建工程由西安市文物局具体负责修建，总体规划和设计由中国社会科学院考古研究所马得志、杨鸿勋和西安市文物局古建设计室共同负责。

二、设计与施工

协议中提出，复原的东塔院灌顶道场是青龙寺4号遗址所在地。该遗址是上下叠压、早晚两期的殿堂遗址。上层为唐武宗灭佛后重建的晚期殿址，面阔5间，进深4间。下层为隋灵感寺的建筑遗存，面阔、进深都是5间，是惠果、空海当年的修法殿堂。为了符合历史真实，突出纪念意义，考古工作者对4号遗址做了早晚期的分析，并根据协议中的复原需要，出具了4号遗址的复原研究报告，详述了复原形制及要点。西安市修复青龙寺委员会根据考古发掘提供的情况，对照文献资料，经过认真研究，决定复原4号遗址的下层殿堂。

该遗址下层的殿堂遗存，创建于隋，兴盛于唐，经历了肃宗、代宗、德宗三朝密宗信仰鼎盛时期，其建筑形式已形成了一套符合密宗使用的特殊布置。所以，在进行规划设计时，不仅依据考古发掘提供的资料，还以石刻图像和现存的山西佛光寺大殿等建筑物为实例，同时也参照了日本的建筑资料。据《古建筑》载，日本现存真言密宗殿堂主要有金刚峰寺金堂、室生寺灌顶堂、观心寺本堂、东大寺本堂、仁和寺金堂、教王护国寺灌顶堂等。从这些密宗殿堂来看，不论是真言宗还是天台宗，都被分隔为内堂与外堂两部分。外堂有门、窗围护，不再另设空廊。内外堂之间以隔扇、板门隔开，严格地保持内堂的秘密性。另外，内堂中间须弥坛的前方左右都设有相向挂置的金刚界、胎藏界的曼荼罗壁，这是密宗修行密法的教义和典礼仪式所必须具备的。"日本现存的若干真言密教建筑虽多经重修，但许多基座仍为当时旧物，平面布局是清楚可信的，而且若干殿堂虽系重建或晚建，却基本保持原来的形制。这些可作为复原研究的依据。"①

以考古发掘和文献资料作为复原唐代建筑的依据，这在我国还是首次。它的意义不仅仅是复原一座唐代殿堂，这座殿堂复原的成功与否，还将直接影响今后唐代建筑复原工作的开展。因此，该工程在科学性、历史性、艺术性等方面一定要经得起推敲，经得起考证。所以，它必须具备高质量的设计水平和施工技术，起到样板的作用。遵照我国的文物保护法和中日双方协议，为确保遗址的安全，在定点放线时，将纪念堂选建在4号遗址以北6米的地段。所选方位与遗址完全一致。

在规划方案中，将南北台基中间的对称部位按遗址所示砖砌踏道，东西对称部位砖砌漫道。台基的四周，参考敦煌壁画及隋开皇四年（584）鎏金弥陀基座等，在周边设木质勾片勾栏。结构及形体规划方案大致如下：

柱：殿柱柱身卷杀呈梭形，柱础采用隋仁寿宫遗址出土的宝装覆莲石础圈。

屋架屋盖：脊部采用大叉手，类似日本法隆寺金堂的脊部。鉴于屋面过大，前后两坡采用铺瓦递落的阶梯形。屋盖为悬山顶两山出厦的做法。

铺作：结构设定为双抄单下昂的六铺作偷心造。在构造上，下昂不从斗口出，而托在斗口平出的枋木上，受力合理。昂嘴略做加工，垂直平齐，这是"批竹昂"的始发形态。

斗拱：采用唐代建筑的雄大斗拱，中间以月梁连接，补间采用人字拱及斗子蜀柱。

---

① 出自杨鸿勋《空海纪念堂设计——唐长安青龙寺真言密宗殿堂（遗址4下层）复原》。

瓦当：以该遗址出土的早期宝装莲花纹为复原标准，滴水板瓦为花边重唇。

鸱尾：以大雁塔西侧门楣石刻殿堂图中的鸱尾和大明宫麟德殿同一时期出土的鸱尾为参照造型。其特点是羽毛瘦削，弯度减小直至尾尖。

门窗：根据内外堂、明次间的不同，采用板门和直棂格子窗。

其他：参考北齐石柱的形制，在角梁头安装一块陶版，檐前悬装铃铎。博风板悬山，开有气窗。悬鱼比例修长，下端绘有卷草图案。

承担该工程的施工单位是西安市古代建筑修缮工程公司。

经过紧张的协调，西安市修复青龙寺委员会进行了周密的布置和短期的筹备，纪念堂复原工程于1983年3月破土动工。

经过一年半的紧张施工，1984年8月，纪念堂复原工程终于竣工。建成后的惠果空海纪念堂占地6500平方米，建筑面积839平方米，为一座面阔5间、进深5间、坐北朝南的高台基宫殿式建筑。根据密宗仪轨，殿堂内装有隔扇门，形成内外堂。

复原后的殿堂，檐深廊广，气魄雄伟。殿内正中是惠果、空海两位大师的坐像。殿内陈设古朴典雅，殿外庭院竹木萧疏，环境幽雅，具有浓厚的唐代建筑风格。这是西安首例再现历史风貌的复原建筑。

三、落成典礼

由日本真言宗各派总大本山会捐资倡修，西安市修复青龙寺委员会等有关单位协作修建的惠果空海纪念堂，于1984年9月8日在西安市青龙寺遗址落成。

应西安市修复青龙寺委员会、中国佛教协会、陕西省佛教协会、西安市佛教协会联合邀请的日本真言宗代表团一行224人前来参加落成庆祝大会。会场设在纪念堂南面的庭院内，主席台坐北面南，掩映在鲜花丛中。会场上悬挂着"惠果空海纪念堂落成庆祝大会""惠果空海纪念堂落成庆祝法会"等巨型横幅。

是日上午8时许，以阿部野龙正为总团长的日中友好惠果空海纪念堂落成法会访华团在秋雨蒙蒙中来到纪念堂前。200多名少年儿童在雨中持花列队，热烈欢迎来自友好邻邦的客人。时任西安市市长张铁民，全国政协副主席、中国佛教协会会长赵朴初和西安市各界人士，共400多人参加了庆祝典礼。

在庆祝典礼上，张铁民市长、赵朴初会长、阿部野龙正总团长共同为惠果空海纪念堂剪彩。张铁民、赵朴初、阿部野龙正、日本国内阁总理大臣中曾根康弘的代表原健三郎等先后在会上发表了热情洋溢的讲话，高度评价了惠果、空

惠果空海纪念堂落成典礼上日方表演

海两位高僧,赞扬了他们对中日两国文化和佛教等方面的交流所做的贡献。

日本国内阁总理大臣中曾根康弘委派代表原健三郎为惠果空海纪念堂落成庆祝大会致祝词,全文如下:

> 今年是日本真言宗开山祖弘法大师空海入定1150周年。经过日本真言宗18家总本山、大本山组成的真言宗各山会的热诚努力,得以在真言宗第七祖惠果和尚、第八祖空海和尚两位大师相承真言密教之圣地,中国西安青龙寺旧址兴建的惠果空海纪念堂终于落成了。今天举行落成典礼,我以十分喜悦的心情和大家共同庆祝这个盛典,并在此向惠果空海纪念堂的建设尽了力量的有关各位表示热烈祝贺!同时向给予这个事业理解和支援的中华人民共和国政府,以及中国人民表示衷心的感谢。
>
> 在这里还要格外地感谢中国佛教协会会长赵朴初先生的指导及西安市政府各位先生的关照,并向他们表示由衷的敬意。
>
> 真言密教不言而喻,是从印度经中国传入日本的,尔后1180多年,它已在日本人心中扎下了根,对日本文化和国民精神的形象起了

重大作用。以真言密宗为代表的佛教交流为机缘，得以加深的日中两国关系，如今已结出丰硕的果实，在经济、文化等各个领域已结成了密切的友好关系。

真言密宗教义，不仅加深了日中两国在精神文化方面的连带关系，而且推动着全世界共同的伟大精神财富的发展。

因此，日中两国间的佛教交流能像今天这样蓬勃发展，有着极为深远的意义。我衷心祝愿新落成的惠果空海纪念堂与已落成的空海纪念碑一道，为增进日中两国友好关系做出贡献，而且为全世界佛教徒的交流，并进一步为促进和平做出巨大贡献。

日本国内阁总理大臣中曾根康弘
一九八四年九月八日

会后，中日双方在惠果空海纪念堂的庭院内共同栽了纪念树。

当天下午，中日两国佛教信徒在惠果空海纪念堂举行了隆重的仪式，热烈祝贺中日佛教友好往来的又一盛事。300多名佛教徒在惠果空海两位祖师像前举行了庄严的法会。正果法师和阿部野龙正总团长分别主持了诵经和修法仪式，赵朴初在祖师遗像前拈香致礼。

当晚，西安市修复青龙寺委员会在西安人民大厦举行盛大宴会，热烈庆祝惠果空海纪念堂的圆满建成。张铁民、阿部野龙正先后在热烈的掌声中致辞，一致认为惠果空海纪念堂的建成是中日文化交流史上的盛事。

阿部野龙正满怀激情地说："9月8日是一个值得我们永远纪念的日子，我们日本真言宗长期以来想在西安青龙寺东塔院修建惠果空海纪念堂的愿望今天终于圆满地实现了。"他说："今天下着潇潇细雨，庆祝大会和庆祝法会是在淅沥的雨声中进行的。这是佛陀赐给我们的甘露法雨。参加大会的人们在蒙蒙细雨中领受了法雨甘露的滋润，这是吉祥的象征。当我在青龙寺看到几百名脸上露着笑容的孩子站在雨中持花列队欢迎我们的动人场面时，不禁想起1148年前空海入唐求法的往事，泪水夺眶而出。惠果空海纪念堂的建成，使我长久以来的心愿开花结果了，我内心充满了感激之情。"

惠果空海纪念堂的落成，是中日两国佛教和文化交流的又一盛事，它将成为中日两国人民世代友好的见证，永存人间。

惠果空海纪念堂

惠果空海纪念堂匾额

惠果空海纪念堂殿柱、栏杆

惠果空海纪念堂屋脊

惠果空海纪念堂斗拱

 惠果雕像

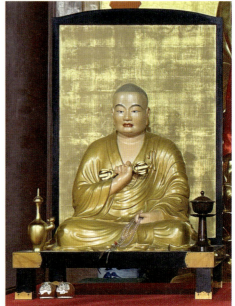 空海雕像

 惠果和尚之碑

第五章　中日友好新篇章　115

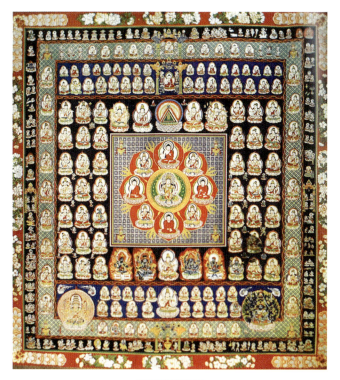

胎藏界曼荼罗

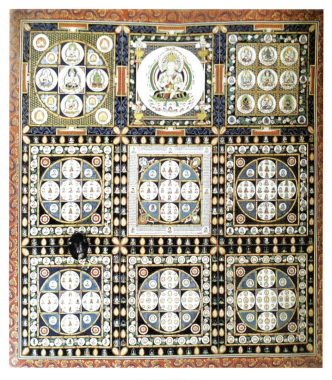

金刚界曼荼罗

第三节　青龙寺庭园建设

自 20 世纪 80 年代以来，中日两国人民共同修建的空海纪念碑和惠果空海纪念堂，已成为两国人民缅怀先贤、友好交往的重要场所。空海纪念碑和惠果空海纪念堂的建成，促进了中日友好，也为加强两国人民之间的文化交流发挥了积极作用。已经落成的空海纪念碑和惠果空海纪念堂仅仅是整个青龙寺遗址总体规划的一部分。要使纪念碑、纪念堂发挥更好的作用，尚需在这两座院落中间的空地上修建一座庭园，将它们连成一体，形成历史文化遗址公园的初期状态。

青龙寺庭园开工奠基仪式

一、前期准备

西安市有关部门和领导人多次收到日本友好团体、友好人士关于修建青龙寺庭园的建议和意见。他们还提议，由日方募捐部分款项与中方合作完成青龙寺庭园的建设。西安市政府对此很重视，于1990年9月批准成立了青龙寺庭园筹建委员会。

不久，日本国香川县日中友好协会会长藤井贤专程来到西安，就建园的有关事宜进行商谈。商谈的主要内容大致如下：

1. 中方成立的青龙寺庭园筹建委员会全面负责庭园的建设工作，庭园面积约8640平方米，建设的规模与项目按设计方案实施。

2. 初步估算建设总投资约人民币485万元，中方负责筹集资金的25%，日方负责筹集资金的75%。

藤井贤回国后即向四国四县日中友好协会和香川县政府等有关部门做了汇报。不久，日方向中方发出了书面邀请，邀请中方派团赴日，就青龙寺庭园建设进行具体商谈。

1991年10月28日至31日，日本国香川县以出纳长本多英信为团长的代表团来到西安，就空海纪念碑建立10周年的庆祝活动和中日合作建设青龙寺庭园等问题与中方进行了商谈，并再次邀请西安市派代表团赴日，商谈青龙寺庭园建设的捐款及其他事宜。

1991年11月13日至14日，以时任西安市市长崔林涛为团长的西安市友好代表团赴日访问，在香川县就中日合作建设青龙寺庭园等问题与日方进行了会谈，并达成了原则协议。

为了发展中日友好关系，早日落实日方提供给青龙寺庭园建设的款项，应日本国香川县的再次邀请，1992年1月12日至13日，以土金璋为团长的西安市青龙寺庭园建设商谈团赴日访问，就青龙寺庭园建设资金、项目、工期等具体问题进行协商。在发展友好关系、相互信任的基础上，双方进行了认真的商讨，达成了一致的协议。

为了落实青龙寺庭园建设委员会的各项决定，加快青龙寺庭园建设的步伐，如期保质保量地完成青龙寺庭园建设的各项任务，西安市决定由文物园林局成立青龙寺庭园建设工程处，负责庭园建设中施工等各方面的协调工作。同时，下设工程办公室，具体负责征地等细节工作。

二、设计与施工

新建的青龙寺庭园是青龙寺遗址总体规划的重要组成部分，位于已建成的空海纪念碑和惠果空海纪念堂之间。该庭园建成后，会把东面的空海纪念碑和西面的惠果空海纪念堂连成一体，形成一座完整的园林式庭园。

经青龙寺庭园筹建委员会研究决定，青龙寺庭园由西安市古建园林设计研究所负责方案设计，该项目负责人是李历。

庭园建设是青龙寺遗址公园总体规划的配套和完善。为遵循总体规划，在总体设计思想的指导下，以保护古遗址和古原的历史风貌为原则，充分发挥环境的历史特色，将保护与开发相结合，使建成后的庭园既具保护作用，又有园林的游赏功能。[①]据李历《青龙寺庭园设计方案说明》，在设计的过程中，着重把握了以下几个方面：

1. 唐代青龙寺的鼎盛时期，佛教兴盛，寺院园林也有长足的发展。新建庭园内的建筑拟保持唐代的风格，并兼有寺院园林的特色。

2. 以古代文人墨客吟诵乐游原、青龙寺的诗文意境来构思设计，形成内涵丰富、图文并茂的诗碑廊。

3. 以自古至今流传的佳话为脉络，通过园林艺术的手法来表现中日两国人民友好往来的历史，以及向往和平的愿望。

已经建成的空海纪念碑和惠果空海纪念堂的布局，是以院落形式来表现唐代建筑群体，所有的建筑形式都表现出浓厚的唐代建筑风格。新建庭园的风格同样力求突出唐代园林的特点。庭园里的道路以青石板铺地，主要的园林景点在造型上以近人的尺度、淡雅的色调、简朴的线条贯穿全园，衬托出清幽古雅的风格。庭园内的植物以松、竹作为基调，以表现"安禅一室内，左右竹亭幽""高松残子落，深井冻痕生"的意境。园内遍植中日两国人民喜欢的樱花、梅花，并点植了色彩丰富的红枫、蜡梅、银杏及攀缘植物等。

庭园内建筑、植物、山石水景互为衬托，融诗文于画境。全园以大环路和若干小径相连接，使几个有独立功能的景点相互融合，遥相呼应，构成了优美舒展的园林空间。

当你踏进庭园时，首先映入眼帘的是一道水帘，它自上而下汇成一潭碧水，

---

① 出自李历《青龙寺庭园设计方案说明》。

随坡就势向东流去。数百条艳丽无比的锦鲤悠然徜徉于潭水中。水面上蜿蜒的青石小桥与造型别致的石灯,给庭园平添了无限的诗意。

由门厅沿回廊曲折向东前行,就来到了诗碑廊。这里首先展示的是惠果和空海两位大师的画像,寓意中日两国人民的友谊源远流长。廊内墙壁上镶嵌的石板上,雕刻着唐代著名诗人吟咏青龙寺、乐游原的诗文和字画等。诗碑廊的尽头是一个荷花砖雕,以隐喻惠果大师洁身自律、出淤泥而不染的高贵品质。

在一丛竹叶的掩映下,竹月轩静立于庭园的西北角。这里竹叶扶疏,环境幽雅,虽面积不大,却是一个极雅静之处。

出竹月轩沿着青石铺就的小路向南漫行,在茂密的翠竹间隙中,依稀有几块青石散卧着,游人置身于此,能够领略到这胜似仙境的幽静之美。

竹月轩

云峰阁位于庭园的中心位置,具有唐代建筑风格,它是建筑大师张锦秋的杰作。楼高17米,是庭院内登高远望的最佳观景处。从一楼南门拾级而上,眼前豁然开朗,让人不由得驻足凭栏,极目望远。楼上的陈列室内展有空海大师的书法真迹和《文镜秘府论》等复制品,无声地向人们述说着中日两国人民友好交往的悠久历史。

环秀台在青龙寺庭园的南面,高约2米,四周松柏环绕,景色秀丽。这里是园内地势的最高处,立有巨石一块,上刻楚图南撰写的李商隐《乐游原》诗一首,道出了"夕阳无限好,只是近黄昏"的感慨之情。

繁花掩映下的云峰阁（出自《西安晚报》）

新建庭园的设计方案经专家论证会的论证，得到了一致的认可。日本方面对设计方案也表示赞同。

在西安市政府及有关部门的多方支持下，该工程的准备工作进展顺利。西安市文物园林局组织力量对庭园工地进行了考古钻探，提供了及时可靠的工程依据，为该工程的顺利实施做好了充分的准备。

1992年5月19日，日本国四县应邀派大型代表团来华参加空海纪念碑落成10周年庆典，并在青龙寺遗址举行了庭园奠基仪式。1992年8月，青龙寺庭园工程正式破土动工。

因为时间紧，任务重，所以采用了边设计边施工的方法。设计人员为了不影响工程进度，积极配合现场施工，深入工地解决问题。在炎热的暑天，房屋简陋，设备较差，为防止汗水渍湿图纸，设计人员在臂下垫上毛巾坚持工作。在施工现场，暑天时地面温度高达40℃，工人们顶烈日、战酷暑，以坚强的毅力战胜了重重困难，保证了工程的进度。

经过一年半的紧张施工，青龙寺庭园工程终于全面竣工。新建的庭园内松竹成荫，瀑布、小溪、假山、楼阁、诗碑廊与空海纪念碑、惠果空海纪念堂相互衬托，浑然一体，体现了中国古代园林和佛教建筑融为一体的独特风格。

三、落成仪式

1993年11月11日，阳光灿烂，晴空万里，寂静的乐游原上鼓乐声声，欢歌笑语，"青龙寺庭园落成仪式"在这里隆重举行。

日本国日中友好协会四国四县协议会会长石水伴清和日本国真言宗各派总大本山会代表总务上村正刚等率团前来参加落成仪式。

大会由时任西安市副市长张富春主持，时任市长崔林涛致辞。崔林涛市长首先代表西安市政府和全市人民，对香川县知事平井诚一以及日本四国四县的各界朋友，对给予庭园建设支持、捐助和付出劳动的所有人员表示衷心的感谢。他说："10多年前，西安市在日本四国四县和真言宗僧众的支持下，修建了空海纪念碑和惠果空海纪念堂，给人们提供了一个缅怀先驱、促进友好的场所。如今建成的青龙寺庭园，为青龙寺遗址增添了新的光彩，为加深西安人民与日本四国四县人民之间的友谊谱写了新的篇章。"

香川县知事平井诚一在致辞中说："青龙寺庭园的建成，是中日友好交流的硕果。站在这美丽的庭园里，展望今后日中两国人民世世代代友好下去的前景，我们感到由衷的高兴。"

青龙寺庭园落成仪式

青龙寺庭园

日本国真言宗各派总大本山会代表总务上村正刚致贺词,并将日本方面庭园建设捐款人名单交给了青龙寺庭园建设委员会主任土金璋。日本国日中友好协会四国四县协议会会长石水伴清在仪式上致贺词。会上还宣读了日中友好协会会长平山郁夫的贺电和陕西省对外友好协会的贺电。

由西安市未央区鼓舞艺术团和数十名少年儿童组成的鼓乐队为落成仪式表演助兴。日本四国民间舞蹈研究会商田雅行率领20名日本妇女表演了歌颂空海的日本民间舞蹈。

参加落成仪式的时任省委副书记刘荣惠、副省长范肖梅和市长崔林涛及香川县知事平井诚一等为庭园落成剪彩。

当天晚上,西安市政府在西安人民大厦举行了盛大的宴会,欢迎远道而来的日本朋友,同时庆祝青龙寺庭园的顺利建成。

青龙寺庭园的建成,不仅使空海纪念碑和惠果空海纪念堂两个院落连成整体,也推动了青龙寺遗址整体规划的实施。

青龙寺庭园一角

青龙寺庭园一角

青龙寺庭园一角

第四节　青龙寺遗址的保护与利用

由于历史渊源，中日两国人民之间始终保持着一种独特的心理情感，这种情感成为联结中日人民友谊的纽带和基础。为使青龙寺遗址能够得到合理的保护，使之成为中日文化及佛教交流的研究中心，更好地发挥它在中日文化交流中的作用，1982年11月，青龙寺遗址保管所成立。保管所成立后，在遗址的管理和保护方面做出了努力，在中外文化交流即中日友好交往等事务方面取得了一定的成绩。在建碑、建堂、建庭园的过程中，积极配合，认真负责，使昔日荒原成为一个三季有花、四季常青、景色宜人的旅游胜地。

为了继续研究空海在唐期间有关的人和事，日本四国地区建碑委员会本部多次向青龙寺遗址保管所赠送了127件资料，介绍空海的业绩。这些图书、图片、画册等内容丰富的文字和资料，为加强学术交流提供了帮助。

1983年5月，日本空海纪念碑访华团将其携带的《大正新修大藏经》一套，赠送给青龙寺遗址保管所。这些珍贵的典籍，如今同日本各界友人赠送的纪念物品一道陈列在空海纪念碑的陈列室内，对于我们了解有关的历史背景起到了积极的作用。

1985年，日本香川、德岛、爱媛、高知四县日中友好协会、四国四县协议会向青龙寺遗址保管所赠送了十几种共千余株樱花树苗，并栽植于青龙寺遗址周围。每逢清明节前后，这些樱花竞相开放，姹紫嫣红，远近游人呼朋唤友，结伴前来观赏打卡，青龙寺里人流如织，热闹非常。

1987年10月25日，西安市和日本四国四县在青龙寺遗址举办了空海纪念碑建立5周年庆祝活动。

1988年，日本众议院议长原健三郎在青龙寺遗址上种植了象征中日友好的樱花树。

1995年，在纪念反法西斯战争胜利50周年之际，日本友好人士与西安共同修建的世界和平祈念塔落成。它象征着中日两国人民祈盼和平、世代友好的心愿。

1995年11月11日，中日两国共同修建的钟楼在惠果空海纪念堂的西南角落成。象征着友谊的"中日友好和平之钟"悬挂在二楼。在盛大的落成典礼上，雄壮浑厚的钟声响起，这是中日两国人民珍惜友谊、向往和平的心声。

1996年，作为唐长安城遗址的一部分，青龙寺遗址被国务院公布为第四批全国重点文物保护单位。

1997年11月5日，经西安市政府批准，西安市宗教局下属西安市佛教协会派遣僧人进驻青龙寺遗址保管所。

1994年1月，为进一步发掘文物园林旅游资源，扩大西安市旅游面积，搞好久负盛名的乐游原的开发利用，把乐游原建成环境幽静、景色迷人的游览胜地，西安市文物园林管理局根据市政府的规划，将正在开发的青龙寺遗址暂定为乐游原公园，制定了总体规划，并派专人对乐游原进行实地勘察，初步计算乐游原公园总规划面积为227亩（约151333平方米），分三期工程实施。第一期工程已建成面积54.6亩（36400平方米），第二期工程面积为69.35亩（约46233平方米），第三期工程面积为103.05亩（68700平方米），总体构思包括风景园林和寺院布局两个主要方面，其性质属纪念性文化遗址公园。

此后，青龙寺遗址的建设按照市政府的规划分期进行，一期工程由湖面、假山、园林等构成。二、三期工程由西安市规划局牵头，西安市文物园林管理局、民宗委和雁塔区政府参与制订计划，具体内容由三部分组成：一是在现有占地面积的基础上，再向北征地100多亩，以园林绿化为主，建设一个文化气氛浓厚、品位较高的遗址公园；二是在现有建筑的基础上，建设少量供僧人活动的场所；三是对遗址南面的铁炉庙村进行整体改造，将其建成一个集餐饮、住宿、购物、娱乐于一体的民俗文化村。

从2005年起，西安市政府通过对乐游原历史文化公园（青龙寺遗址保护）项目的实施，加大了对青龙寺遗址保护、建设与利用的力度。自2009年开始，用了近3年时间将其建设成集遗址保护、生态改善、文化展示、旅游观光、休闲娱乐等多种功能于一体的新型城市公园。2011年12月30日，乐游原历史文化公园（现更名为青龙寺遗址景区）建成，正式向社会免费开放。2012年5月18日，青龙寺遗址博物馆正式对外开放。如今的青龙寺遗址面积从原来的41亩（约27333平方米）扩大到了219亩（146000平方米），游客接待量也大幅增加。

青龙寺遗址作为全国重点文物保护单位，自青龙寺遗址保管所成立以来，经过几代文物工作者的勘探寻找、考古发掘、保护利用等一系列艰苦的努力及工程项目的建设，目前已经成为令中外游客向往的观光胜地，在西安市对外文化交流活动中发挥着重要作用。

附 录

唐代咏乐游原、青龙寺诗作辑录

一、咏乐游原诗作

在唐代乐游原旖旎的景色里，来此游赏的诗人留下了许多诗作，这里摘录部分以供欣赏：

同二相已下群官乐游园宴

李隆基

撰日岩廊暇，需云宴乐初。
万方朝玉帛，千品会簪裾。
地入南山近，城分北斗馀。
池塘垂柳密，原隰野花疏。
帝幕看逾暗，歌钟听自虚。
兴阑归骑转，还奏弼违书。

——《全唐诗》卷三

春日宴乐游原赋韵得接字

王勃

帝里寒光尽，神皋春望浃。
梅郊落晚英，柳甸惊初叶。
流水抽奇弄，崩云洒芳牒。
清尊湛不空，暂喜平生接。

——《全唐诗》卷五五

奉和圣制同二相已下群官乐游园宴

宋璟

侍饮终酺会，承恩续胜游。
戴天惟庆幸，选地即殊尤。
北向祗双阙，南临赏一丘。
曲江新溜暖，上苑杂花稠。
叠叠韶弦屡，戋戋贲帛周。
醉归填畛陌，荣耀接轩裘。

——《全唐诗》卷六四

恩赐乐游园宴

张说

汉苑佳游地，轩庭近侍臣。
共持荣幸日，来赏艳阳春。
馔玉颁王篚，拟金下帝钧。
池台草色遍，宫观柳条新。
花绶光连榻，朱颜畅饮醇。
圣朝多乐事，天意每随人。

——《全唐诗》卷八八

三月二十日诏宴乐游园赋得风字

张说

乐游形胜地，表里望郊宫。
北阙连天顶，南山对掌中。
皇恩贷芳月，旬宴美成功。
鱼戏芙蓉水，莺啼杨柳风。
春光看欲暮，天泽恋无穷。
长袖招斜日，留光待曲终。

——《全唐诗》卷八八

奉和圣制同二相已下群官乐游园宴

赵冬曦

爽垲三秦地，芳华二月初。
酺承奠璧罢，宴是合钱馀。
柳翠垂堪结，桃红卷欲舒。
从容会鹓鹭，延曼戏龙鱼。
喜气流云物，欢声浃里闾。
圣恩将报厚，请述记言书。

——《全唐诗》卷九八

雪二首（其一）

司空曙

乐游春苑望鹅毛，宫殿如星树似毫。
漫漫一川横渭水，太阳初出五陵高。

——《全唐诗》卷二九三

登乐游园望

白居易

独上乐游原，四望天日曛。
东北何霭霭，宫阙入烟云。
爱此高处立，忽如遗垢氛。
耳目暂清旷，怀抱郁不伸。
下视十二街，绿树间红尘。
车马徒满眼，不见心所亲。
孔生死洛阳，元九谪荆门。
可怜南北路，高盖者何人。

——《全唐诗》卷四二四

立秋日登乐游园

白居易

独行独语曲江头，回马迟迟上乐游。
萧飒凉风与衰鬓，谁教计会一时秋。

——《全唐诗》卷四四二

晨登乐游原望终南积雪

皎然

凌晨拥弊裘，径上古原头。
雪霁山疑近，天高思若浮。
琼峰埋积翠，玉嶂掩飞流。
曜彩含朝日，摇光夺寸眸。
寒空标瑞色，爽气袭皇州。
清眺何人得，终当独再游。

——《全唐诗》卷八二〇

登乐游原

张祜

几年诗酒滞江干,水积云重思万端。
今日南方惆怅尽,乐游原上见长安。

——《全唐诗》卷五一一

登乐游原

杜牧

长空澹澹孤鸟没,万古销沉向此中。
看取汉家何事业,五陵无树起秋风。

——《全唐诗》卷五二一

将赴吴兴登乐游原一绝

杜牧

清时有味是无能,闲爱孤云静爱僧。
欲把一麾江海去,乐游原上望昭陵。

——《全唐诗》卷五二一

乐游原

李商隐

向晚意不适,驱车登古原。
夕阳无限好,只是近黄昏。

——《全唐诗》卷五三九

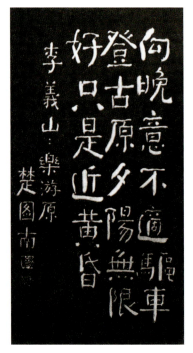

楚图南书李商隐《乐游原》

乐游原

李商隐

万树鸣蝉隔岸虹,乐游原上有西风。
羲和自趁虞泉宿,不放斜阳更向东。

——《全唐诗》卷五四〇

乐游原

李商隐

春梦乱不记,春原登已重。
青门弄烟柳,紫阁舞云松。
拂砚轻冰散,开尊绿酎浓。
无悰托诗遣,吟罢更无悰。

——《全唐诗》卷五四〇

乐游原春望

刘得仁

乐游原上望，望尽帝都春。
始觉繁华地，应无不醉人。
云开双阙丽，柳映九衢新。
爱此频来往，多闲逐此身。

——《全唐诗》卷五四四

乐游原春望

李频

五陵佳气晚氛氲，霸业雄图势自分。
秦地山河连楚塞，汉家宫殿入青云。
未央树色春中见，长乐钟声月下闻。
无那杨华起愁思，满天飘落雪纷纷。

——《全唐诗》卷五八七

登乐游原怀古

豆卢回

缅惟汉宣帝，初谓皇曾孙。
虽在襁褓中，亦遭巫蛊冤。
至哉丙廷尉，感激义弥敦。
驰逐莲勺道，出入诸陵门。
一朝风云会，竟登天位尊。
握符升宝历，负扆御华轩。
赫奕文物备，葳蕤休瑞繁。
卒为中兴主，垂名于后昆。
雄图奄已谢，余址空复存。
昔为乐游苑，今为狐兔园。

朝见牧竖集，夕闻栖鸟喧。
萧条灞亭岸，寂寞杜陵原。
羃䍥野烟起，苍茫岚气昏。
二曜屡回薄，四时更凉温。
天道尚如此，人理安可论。

——《全唐诗》卷七七七

赠贾岛

张籍

篱落荒凉僮仆饥，乐游原上住多时。
蹇驴放饱骑将出，秋卷装成寄与谁。
拄杖傍田寻野菜，封书乞米趁时炊。
姓名未上登科记，身屈惟应内史知。

——《全唐诗》卷三八五

登乐游原寄司封孟郎中卢补阙

羊士谔

爽节时清眺，秋怀怅独过。
神皋值宿雨，曲水已增波。
白鸟凌风迥，红蕖濯露多。
伊川有归思，君子复如何。

——《全唐诗》卷三三二

登乐游原

耿湋

园庙何年废，登临有故丘。
孤村连日静，多雨及霖休。
常与秦山对，曾经汉主游。

岂知千载后，万事水东流。

——《全唐诗》卷二六八

乐游原晴望上中书李侍郎

钱起

爽气朝来万里清，凭高一望九秋轻。
不知凤沼霖初霁，但觉尧天日转明。
四野山河通远色，千家砧杵共秋声。
遥想青云丞相府，何时开合引书生。

——《全唐诗》卷二三九

和邢郎中病中重阳强游乐游原

裴夷直

嘉晨令节共陶陶，风景牵情并不劳。
晓日整冠兰室静，秋原骑马菊花高。
晴光一一呈金刹，诗思浸浸逼水曹。
何必销忧凭外物，只将清韵敌春醪。

——《全唐诗》卷五一三

登乐游原春望书怀

张九龄

城隅有乐游，表里见皇州。
策马既长远，云山亦悠悠。
万壑清光满，千门喜气浮。
花间直城路，草际曲江流。
凭眺兹为美，离居方独愁。
已惊玄发换，空度绿荑柔。

奋翼笼中鸟，归心海上鸥。
既伤日月逝，且欲桑榆收。
豹变焉能及，莺鸣非可求。
愿言从所好，初服返林丘。

——《全唐诗》卷四九

恩赐乐游园宴应制

张九龄

宝筵延厚命，供帐序群公。
形胜宜春接，威仪建礼同。
晞阳人似露，解愠物从风。
朝庆千龄始，年华二月中。
辉光遍草木，和气发丝桐。
岁岁无为化，宁知乐九功。

——《全唐诗》卷四九

乐游园望月

杨凭

炎灵全盛地，明月半秋时。
今古人同望，盈亏节暗移。
彩凝双月迥，轮度八川迟。
共惜鸣珂去，金波送酒卮。

——《全唐诗》卷二八九

奉和圣制同二相已下群官乐游园宴

崔沔

五日酺才毕，千年乐未央。
复承天所赐，终宴国之阳。

地胜春逾好，恩深乐更张。
落花飞广座，垂柳拂行觞。
庶尹陪三史，诸侯具万方。
酒酣同抃跃，歌舞咏时康。

——《全唐诗》卷一〇八

奉和圣制同二相已下群臣乐游园宴

崔尚

春日照长安，皇恩宠庶官。
合钱承罢宴，赐帛复追欢。
供帐凭高列，城池入迥宽。
花催相国醉，鸟和乐人弹。
北阙云中见，南山树杪看。
乐游宜缔赏，舞咏惜将阑。

——《全唐诗》卷一〇八

奉和圣制同二相以下群官乐游园宴

胡皓

五酺终宴集，三锡又欢娱。
仙阜崇高异，神州眺览殊。
南山临皓雪，北阙对明珠。
广座鵷鸿满，昌庭驷马趋。
绮罗含草树，丝竹吐郊衢。
衔杯不能罢，歌舞乐唐虞。

——《全唐诗》卷一〇八

奉和恩赐乐游园宴应制

苏颋

乐游光地选,酺饮庆天从。
座密千官盛,场开百戏容。
绿滕际山尽,缇幕倚云重。
下上花齐发,周回柳遍浓。
夺晴纷剑履,喧听杂歌钟。
日晚衔恩散,尧人并可封。

——《全唐诗》卷七四

奉和圣制同二相已下群官乐游园宴

王翰

未极人心畅,如何帝道明。
仍嫌酺宴促,复宠乐游行。
陆海披珍藏,天河直斗城。
四关青霭合,数处白云生。
饪铼调元气,歌钟溢雅声。
空惭尧舜日,至德杳难名。

——《全唐诗》卷一五六

酬乐天登乐游园见忆

元稹

昔君乐游园,怅望天欲曛。
今我大江上,快意波翻云。
秋空压澶漫,顼洞无垢氛。
四顾皆豁达,我眉今日伸。
长安隘朝市,百道走埃尘。
轩车随对列,骨肉非本亲。

夸游丞相第，偷入常侍门。

爱君直如发，勿念江湖人。

——《全唐诗》卷四〇一

乐游园歌

杜甫

乐游古园崒森爽，烟绵碧草萋萋长。

公子华筵势最高，秦川对酒平如掌。

长生木瓢示真率，更调鞍马狂欢赏。

青春波浪芙蓉园，白日雷霆夹城仗。

阊阖晴开昳荡荡，曲江翠幕排银榜。

拂水低徊舞袖翻，缘云清切歌声上。

却忆年年人醉时，只今未醉已先悲。

数茎白发那抛得，百罚深杯亦不辞。

圣朝亦知贱士丑，一物自荷皇天慈。

此身饮罢无归处，独立苍茫自咏诗。

——《全唐诗》卷二一六

和微之诗二十三首·和酬郑侍御东阳春闷放怀追越游见寄

白居易

君得嘉鱼置宾席，乐如南有嘉鱼时。

劲气森爽竹竿竦，妍文焕烂芙蓉披。

载笔在幕名已重，补衮于朝官尚卑。

一缄疏入掩谷永，三都赋成排左思。

自言拜辞主人后，离心荡飏风前旗。

东南门馆别经岁，春眼怅望秋心悲。

昨日嘉鱼来访我，方驾同出何所之。

乐游原头春尚早，百舌新语声椊椊。

日趁花忙向南拆，风催柳急从东吹。

流年惝怳不饶我,美景鲜妍来为谁。
红尘三条界阡陌,碧草千里铺郊畿。
余霞断时绮幅裂,斜云展处罗文纰。
暮钟远近声互动,暝鸟高下飞追随。
酒酣将归未能去,怅然回望天四垂。
生何足养嵇著论,途何足泣杨涟洏。
胡不花下伴春醉,满酌绿酒听黄鹂。
嘉鱼点头时一叹,听我此言不知疲。
语终兴尽各分散,东西轩骑分逶迤。
此诗勿遣闲人见,见恐与他为笑资。
白首旧寮知我者,凭君一咏向周师。

——《全唐诗》卷四四五

酒肆行

韦应物

豪家沽酒长安陌,一旦起楼高百尺。
碧疏玲珑含春风,银题彩帜邀上客。
　　回瞻丹凤阙,直视乐游苑。
四方称赏名已高,五陵车马无近远。
晴景悠扬三月天,桃花飘俎柳垂筵。
繁丝急管一时合,他垆邻肆何寂然。
主人无厌且专利,百斛须臾一壶费。
初酿后薄为大偷,饮者知名不知味。
深门潜酝客来稀,终岁醇醲味不移。
长安酒徒空扰扰,路傍过去那得知。

——《全唐诗》卷一九四

登乐游庙作

韦应物

高原出东城,郁郁见咸阳。
上有千载事,乃自汉宣皇。
颓埂久凌迟,陈迹翳丘荒。
春草虽复绿,惊风但飘扬。
周览京城内,双阙起中央。
微钟何处来,暮色忽苍苍。
歌吹喧万井,车马塞康庄。
昔人岂不尔,百世同一伤。
归当守冲漠,迹寓心自忘。

——《全唐诗》卷一九二

忆秦娥

李白

箫声咽,秦娥梦断秦楼月。
秦楼月,年年柳色,灞陵伤别。
乐游原上清秋节,咸阳古道音尘绝。
音尘绝,西风残照,汉家陵阙。

——《全唐诗》卷八九〇

二、咏青龙寺诗作

别弟缙后登青龙寺望蓝田山

王维

陌上新离别,苍茫四郊晦。
登高不见君,故山复云外。
远树蔽行人,长天隐秋塞。

心悲宦游子,何处飞征盖。

——《全唐诗》卷一二五

王维《别弟缙后登青龙寺望蓝田山》诗碑

夏日过青龙寺谒操禅师

王维

龙钟一老翁,徐步谒禅宫。
欲问义心义,遥知空病空。
山河天眼里,世界法身中。
莫怪销炎热,能生大地风。

——《全唐诗》卷一二六

青龙寺昙璧(壁)上人兄院集

王维

吾兄大开荫中,明彻物外,以定力胜敌,以惠用解严,深居僧坊,傍俯人里。高原陆地,下映芙蓉之池;竹林果园,中秀菩提之树。八极氤氲,万汇尘息,太虚寥廓,南山为之端倪。皇州苍茫,渭水贯于天地。经行之后,跌坐而闲。升堂梵筵,饵客香饭。不起而游览,不风而清凉。得世界于莲花，寄文章于贝叶。时江宁大兄持片石，命维序之。诗五韵，座上成。

> 高处敞招提，虚空讵有倪。
> 坐看南陌骑，下听秦城鸡。
> 眇眇孤烟起，芊芊远树齐。
> 青山万井外，落日五陵西。
> 眼界今无染，心空安可迷。

——《全唐诗》卷一二七

同王昌龄裴迪游青龙寺昙壁上人兄院集和兄维

王缙

> 林中空寂舍，阶下终南山。
> 高卧一床上，回看六合间。
> 浮云几处灭，飞鸟何时还。
> 问义天人接，无心世界闲。
> 谁知大隐者，兄弟自追攀。

——《全唐诗》卷一二九

青龙寺昙壁上人院集

裴迪

> 灵境信为绝，法堂出尘氛。
> 自然成高致，向下看浮云。
> 迤逦峰岫列，参差闾井分。
> 林端远堞见，风末疏钟闻。
> 吾师久禅寂，在世超人群。

——《全唐诗》卷一二九

夏日过青龙寺谒操禅师

裴迪

安禅一室内,左右竹亭幽。
有法知不染,无言谁敢酬。
鸟飞争向夕,蝉噪已先秋。
烦暑自兹适,清凉何所求。

——《全唐诗》卷一二九

同王维集青龙寺昙壁上人兄院五韵

王昌龄

本来清净所,竹树引幽阴。
檐外含山翠,人间出世心。
圆通无有象,圣境不能侵。
真是吾兄法,何妨友弟深。
天香自然会,灵异识钟音。

——《全唐诗》卷一四二

独游青龙寺

顾况

春风入香刹,暇日独游衍。
旷然莲花台,作礼月光面。
乘兹第八识,出彼超二见。
摆落区中缘,无边广弘愿。
长廊朝雨毕,古木时禽啭。
积翠暧遥原,杂英纷似霰。
凤城腾日窟,龙首横天堰。

蚁步避危阶，蝇飞响深殿。
大通智胜佛，几劫道场现。

——《全唐诗》卷二六四

宿青龙寺故昙上人院

耿湋

年深宫院在，闲客自相逢。
闭户临寒竹，无人有夜钟。
降龙今已去，巢鹤竟何从。
坐见繁星晓，凄凉识旧峰。

——《全唐诗》卷二六九

与王楚同登青龙寺上方

李益

连冈出古寺，流睇移芳宴。
鸟没汉诸陵，草平秦故殿。
摇光浅深树，拂木参差燕。
春心断易迷，远目伤难遍。
壮日各轻年，暮年方自见。

——《全唐诗》卷二八二

早春同庾侍郎题青龙上方院

李端

相见惜余辉，齐行登古寺。
风烟结远恨，山水含芳意。
车马莫前归，留看巢鹤至。

——《全唐诗》卷二八四

青龙寺题故昙上人房

李端

远公留故院,一径雪中微。
童子逢皆老,门人问亦稀。
翻经徒有处,携履遂无归。
空念寻巢鹤,时来傍影飞。

——《全唐诗》卷二八五

早夏青龙寺致斋凭眺感物因书十四韵

权德舆

晓出文昌宫,憩兹青莲宇。
洁斋奉明祀,凭览伤夐古。
秦为三月火,汉乃一抔土。
诈力自湮沦,霸仪终莽卤。
中南横峻极,积翠泄云雨。
首夏谅清和,芳阴接场圃。
仁祠闷严净,稽首洗灵府。
虚室僧正禅,危梁燕初乳。
通庄走声利,结驷乃旁午。
观化复何如,刳心信为愈。
盛时忽过量,弱质本无取。
静永环中枢,益愧腰下组。
尘劳期抖擞,陟降聊俯偻。
遗韵留壁间,凄然感东武。

——《全唐诗》卷三二五

王起居独游青龙寺玩红叶因寄

羊士谔

十亩苍苔绕画廊,几株红树过清霜。
高情还似看花去,闲对南山步夕阳。

——《全唐诗》卷三三二

游青龙寺赠崔大补阙

韩愈

秋灰初吹季月管,日出卯南晖景短。
友生招我佛寺行,正值万株红叶满。
光华闪壁见神鬼,赫赫炎官张火伞。
然云烧树火实骈,金乌下啄赪虬卵。
魂翻眼倒忘处所,赤气冲融无间断。
有如流传上古时,九轮照烛乾坤旱。
二三道士席其间,灵液屡进玻黎碗。
忽惊颜色变韶稚,却信灵仙非怪诞。
桃源迷路竟茫茫,枣下悲歌徒纂纂。
前年岭隅乡思发,踯躅成山开不算。
去岁羁帆湘水明,霜枫千里随归伴。
猿呼䳂啸鸥鹄啼,恻耳酸肠难濯浣。
思君携手安能得,今者相从敢辞懒。
由来钝骎寡参寻,况是儒官饱闲散。
惟君与我同怀抱,锄去陵谷置平坦。
年少得途未要忙,时清谏疏尤宜罕。
何人有酒身无事,谁家多竹门可款。
须知节候即风寒,幸及亭午犹妍暖。
南山逼冬转清瘦,刻画圭角出崖窾。
当忧复被冰雪埋,汲汲来窥戒迟缓。

——《全唐诗》卷三三九

青龙寺早夏

白居易

尘埃经小雨,地高倚长坡。
日西寺门外,景气含清和。
闲有老僧立,静无凡客过。
残莺意思尽,新叶阴凉多。
春去来几日,夏云忽嵯峨。
朝朝感时节,年鬓暗蹉跎。
胡为恋朝市,不去归烟萝。
青山寸步地,自问心如何。

——《全唐诗》卷四三二

白居易《青龙寺早夏》诗碑

和钱员外青龙寺上方望旧山

白居易

旧峰松雪旧溪云,怅望今朝遥属君。
共道使臣非俗吏,南山莫动北山文。

——《全唐诗》卷四三七

题新居寄元八

白居易

青龙冈北近西边,移入新居便泰然。
冷巷闭门无客到,暖檐移榻向阳眠。
阶庭宽窄才容足,墙壁高低粗及肩。
莫羡升平元八宅,自思买用几多钱。

——《全唐诗》卷四四二

青龙寺僧院

刘得仁

常多簪组客,非独看高松。
此地堪终日,开门见数峰。
苔新禽迹少,泉冷树阴重。
师意如山里,空房晓暮钟。

——《全唐诗》卷五四四

秋晚与友人游青龙寺

刘得仁

高视终南秀,西风度阁凉。
一生同隙影,几处好山光。
暮鸟投赢木,寒钟送夕阳。
因居话心地,川冥宿僧房。

——《全唐诗》卷五四四

刘得仁《秋晚与友人游青龙寺》诗碑

和秘书崔少监春日游青龙寺僧院

姚合

官清书府足闲时，晓起攀花折柳枝。
九陌城中寻不尽，千峰寺里看相宜。
高人酒味多和药，自古风光只属诗。
见说往来多静者，未知前日更逢谁。

——《全唐诗》卷五〇一

题青龙寺

张祜

二十年沉沧海间，一游京国也应闲。
人人尽到求名处，独向青龙寺看山。

——《全唐诗》卷五一一

张祜《题青龙寺》诗碑

题青龙寺

朱庆馀

寺好因岗势,登临值夕阳。
青山当佛阁,红叶满僧廊。
竹色连平地,虫声在上方。
最怜东面静,为近楚城墙。

——《全唐诗》卷五一四

何海霞书朱庆馀《题青龙寺》

下第题青龙寺僧房

韦庄

千蹄万毂一枝芳,要路无媒果自伤。
题柱未期归蜀国,曳裾何处谒吴王。
马嘶春陌金羁闹,鸟睡花林绣羽香。
酒薄恨浓消不得,却将惆怅问支郎。

——《全唐诗》卷六九五

青龙寺赠云颢法师

曹松

紫檀衣且香,春殿日尤长。
此地开新讲,何山锁旧房。
僧名喧北阙,师印续南方。
莫惜青莲喻,秦人听未忘。

——《全唐诗》卷七一六

题青龙寺纵公房

无可

从谁得法印,不离上方传。
夕磬城霜下,寒房竹月圆。
烟残衰木畔,客住积云边。
未隐沧洲去,时来于此禅。

——《全唐诗》卷八一三

无可《题青龙寺纵公房》诗碑

秋夜寄青龙寺空贞二上人

无可

夜来思道侣，木叶向人飘。
精舍池边古，秋山树下遥。
磬寒彻几里，云白已经宵。
未得同居止，萧然自寂寥。

——《全唐诗》卷八一三

题青龙寺镜公房

马戴

一室意何有，闲门为我开。
炉香寒自灭，履雪饭初回。
窗迥孤山入，灯残片月来。
禅心方此地，不必访天台。

——《全唐诗》卷五五五

题青龙寺镜公房

贾岛

一夕曾留宿，终南摇落时。
孤灯冈舍掩，残磬雪风吹。
树老因寒折，泉深出井迟。
疏慵岂有事，多失上方期。

——《全唐诗》卷五七二

题青龙寺

贾岛

碣石山人一轴诗，终南山北数人知。
拟看青龙寺里月，待无一点夜云时。

——《全唐诗》卷五七四

愚公谷三首·青龙寺与黎昕戏题（其一）

王维

愚谷与谁去，唯将黎子同。
非须一处住，不那两心空。
宁问春将夏，谁论西复东。
不知吾与子，若个是愚公。

——《全唐诗》卷一二六

愚公谷三首·青龙寺与黎昕戏题（其二）

王维

吾家愚谷里，此谷本来平。
虽则行无迹，还能响应声。

不随云色暗，只待日光明。

缘底名愚谷，都由愚所成。

——《全唐诗》卷一二六

愚公谷三首·青龙寺与黎昕戏题（其三）

王维

借问愚公谷，与君聊一寻。

不寻翻到谷，此谷不离心。

行处曾无险，看时岂有深。

寄言尘世客，何处欲归临。

——《全唐诗》卷一二六

夏日青龙寺寻僧二首（其一）

薛能

帝里欲何待，人间无阙遗。

不能安旧隐，都属扰明时。

违理须齐辱，雄图岂借知。

纵横悉已误，斯语是吾师。

——《全唐诗》卷五六〇

夏日青龙寺寻僧二首（其二）

薛能

得官殊未喜，失计是忘愁。

不是无心速，焉能有自由。

凉风盈夏扇，蜀茗半形瓯。

笑向权门客，应难见道流。

——《全唐诗》卷五六〇

冬夕寄青龙寺源公

郎士元

敛屦入寒竹,安禅过漏声。
高松残子落,深井冻痕生。
罢磬风枝动,悬灯雪屋明。
何当招我宿,乘月上方行。

——《全唐诗》卷二四八

郎士元《冬夕寄青龙寺源公》诗碑

清明日青龙寺上方赋得多字

皇甫冉

上方偏可适,季月况堪过。
远近水声至,东西山色多。
夕阳留径草,新叶变庭柯。
已度清明节,春秋如客何。

——《全唐诗》卷二四九

皇甫冉《清明日青龙寺上方赋得多字》诗碑

客题青龙寺门

无名氏

龛龙去东海,时日隐西斜。
敬文今不在,碎石入流沙。

——《全唐诗》卷八七七

新雪二首(其二)

白居易

不思朱雀街东鼓,不忆青龙寺后钟。
唯忆夜深新雪后,新昌台上七株松。

——《全唐诗》卷四五一

长安遣怀

林宽

醉下高楼醒复登,任从浮薄笑才能。

青龙寺里三门上，立为南山不为僧。

——《全唐诗》卷六〇六

新昌新居书事四十韵因寄元郎中张博士

白居易

冒宠已三迁，归期始二年。囊中贮余俸，园外买闲田。
狐兔同三径，蒿莱共一廛。新园聊划秽，旧屋且扶颠。
檐漏移倾瓦，梁欹换蠹椽。平治绕台路，整顿近阶砖。
巷狭开容驾，墙低垒过肩。门闲堪驻盖，堂室可铺筵。
丹凤楼当后，青龙寺在前。市街尘不到，宫树影相连。
省史嫌坊远，豪家笑地偏。敢劳宾客访，或望子孙传。
不觅他人爱，唯将自性便。等闲栽树木，随分占风烟。
逸致因心得，幽期遇境牵。松声疑涧底，草色胜河边。
虚润冰销地，晴和日出天。苔行滑如簟，莎坐软于绵。
帘每当山卷，帷多带月褰。篱东花掩映，窗北竹婵娟。
迹慕青门隐，名惭紫禁仙。假归思晚沐，朝去恋春眠。
拙薄才无取，疏慵职不专。题墙书命笔，沽酒率分钱。
柏杵舂灵药，铜瓶漱暖泉。炉香穿盖散，笼烛隔纱然。
陈室可曾扫，陶琴不要弦。屏除俗事尽，养活道情全。
尚有妻孥累，犹为组绶缠。终须抛爵禄，渐拟断腥膻。
大抵宗庄叟，私心事竺乾。浮荣水划字，真谛火生莲。
梵部经十二，玄书字五千。是非都付梦，语默不妨禅。
博士官犹冷，郎中病已痊。多同僻处住，久结静中缘。
缓步携筇杖，徐吟展蜀笺。老宜闲语话，闷忆好诗篇。
蛮榼来方泻，蒙茶到始煎。无辞数相见，鬓发各苍然。

——《全唐诗》卷四四二

参考书目

1. 《三辅黄图》
2. 班固《汉书》
3. 魏徵等《隋书》
4. 刘昫等《旧唐书》
5. 欧阳修、宋祁《新唐书》
6. 王溥《唐会要》
7. 司马光《资治通鉴》
8. 道宣《续高僧传》
9. 刘𫗧《隋唐嘉话》
10. 李凤《天文要录》
11. 乐史《太平寰宇记》
12. 张彦远《历代名画记》
13. 张礼《游城南记》
14. 韦述《两京新记》
15. 郑樵《通志》
16. 宋敏求《长安志》
17. 黄家鼎《咸宁县志》
18. 赞宁《宋高僧传》
19. 智昇《开元释教录》
20. 足立喜六《长安史迹研究》

21. 圆仁《入唐求法巡礼行记》
22. 海云《两部大法相承师资付法记》
23. 弘法大师《弘法大师全集》
24. 木宫泰彦《日中文化交流史》
25. 《续真言宗全书》
26. 空海《遍照发挥性灵集》
27. 宽平亲王《慈觉大师传》
28. 虎关师炼《元亨释书》
29. 藤原绪嗣等《日本后纪》
30. 中国大百科全书总编辑委员会《中国大百科全书·宗教卷》
31. 中国佛教协会《中国佛教》
32. 黄心川《印度哲学史》
33. 梁容若《中日文化交流史论》
34. 杨曾文《日本佛教史》
35. 吕建福《中国密教史》
36. 畅耀《青龙寺》
37. 王亚荣《大兴善寺》
38. 中国科学院考古研究所西安唐城发掘队卢兆荫《唐青龙寺遗址踏察记略》
39. 中国科学院考古研究所西安工作队《唐青龙寺遗址发掘简报》
40. 中国社会科学院考古研究所杨鸿勋《唐长安青龙寺密宗殿堂（遗址4）复原研究》
41. 中国社会科学院考古所西安唐城队马得志《唐长安青龙寺遗址》
42. 张锦秋《江山胜迹在　溯源意自长——青龙寺仿唐建筑设计札记》
43. 山本忠司《青龙寺空海纪念碑》
44. 杨鸿勋《空海纪念堂设计——唐长安青龙寺真言密宗殿堂（遗址4下层）复原》
45. 吴立民《法门寺地宫唐密曼荼罗之研究》
46. 李历《青龙寺庭园设计方案说明》